新时期酒店管理
理论与实务研究

张 瑜 著

吉林科学技术出版社

图书在版编目（CIP）数据

新时期酒店管理理论与实务研究 / 张瑜著 . -- 长春：
吉林科学技术出版社，2020.10
　　ISBN 978-7-5578-7789-7

　　Ⅰ . ①新… Ⅱ . ①张… Ⅲ . ①饭店－商业企业管理
Ⅳ . ① F719.2

中国版本图书馆 CIP 数据核字（2020）第 198446 号

XINSHIQI JIUDIAN GUANLI LILUN YU SHIWU YANJIU
新时期酒店管理理论与实务研究

著　　张　瑜
出版人　李　梁
责任编辑　端金香
封面设计　崔　蕾
制　　版　北京亚吉飞数码科技有限公司
开　　本　710mm×1000mm　1/16
字　　数　165 千字
印　　张　12.75
印　　数　1—5 000 册
版　　次　2021 年 6 月第 1 版
印　　次　2021 年 6 月第 1 次印刷

出　　版　吉林科学技术出版社
发　　行　吉林科学技术出版社
地　　址　长春市人民大街 4646 号
邮　　编　130021
发行部传真 / 电话　0431-85635176　85651759　85635177
　　　　　　　　　　85651628　85652585
储运部电话　0431-86059116
编辑部电话　0431-85635186
网　　址　www.jlsycbs.net
印　　刷　北京亚吉飞数码科技有限公司

书　　号　ISBN 978-7-5578-7789-7
定　　价　75.00 元

前　言

在我国,酒店业是改革开放之后,与国际接轨最早的且具备较高的国际化程度的一种行业。同时,酒店业也是旅游业的一大经济支柱产业。随着社会的不断进步,我国的酒店业也经历了长足的发展。随着经济的发展,人民生活水平日益提升,全国的酒店数量剧增,尤其是出现了很多的五星级酒店。可见,酒店业迎来了辉煌的明天。

在经历了高度的成长期之后,我国酒店业逐渐进入成熟阶段,并且面对着竞争激烈的市场。尤其是我国加入 WTO 之后,基于全球经济一体化的背景,国内市场国际化、国际竞争国内化的趋势越加明显,这就导致我国的酒店业面临着激烈的竞争。面对如此大的压力,面对多样化的消费需求,以及互联网技术与知识经济的推进,出现了新的经济模式,这就要求现代的酒店应该变更管理理念、变化管理手段,提升自身的经营管理水平,增强酒店的生存竞争力。基于此,特策划《新时期酒店管理理论与实务研究》一书。

本书共包含八章。第一章为总述,对酒店管理的概念、理论基础、理念、模式等进行基本探讨,以为下面章节的展开做铺垫。第二章到第七章为本书的重点,涵盖了酒店管理的多个方面,即组织管理、营销管理、人力资源管理、前厅管理、客房管理、餐饮管理、质量管理、财务管理、安全管理、信息管理。对于这些内容,首先介绍基础知识,并基于此探讨具体的管理理念与创新方式。最后一章为创新章节,因为酒店管理需要融入新的理念与思维模式,因此第八章对酒店伦理与职业道德管理、企业文化管理、基于互联网思维的酒店管理模式展开分析和探讨,以结束本书。

  总体而言,本书具备三大特点,一是将酒店管理的一般原理与经营特点相结合,使酒店管理具有较强的针对性;二是对理论内容进行概括和提炼,以理论知识的适度与够用作为原则;三是加强实践环节在书中的运用,以实用性作为导向。总体来说,本书内容翔实,语言精练,脉络清晰,适于读者阅读。

  本书在撰写过程中参阅了大量有关酒店管理方面的著作,引用了许多专家和学者的研究成果,在此对他们表示衷心的感谢。由于时间仓促,作者水平有限,书中错误和不当之处在所难免,恳请广大读者提出宝贵意见,以便本书今后的修改与完善。

作 者
2020 年 7 月

目　录

第一章　酒店管理概述

酒店作为旅行者和当地居民食宿、娱乐、休闲的重要场所,是旅游活动的主要载体之一,成为国民经济的支柱行业。酒店是所在地社会政治经济活动的中心,是服务业乃至整个社会生活的重要组成部分。酒店在长期的发展过程中形成了系统的管理体系,本章作为全书开篇,首先介绍酒店管理的概念、理论基础、理念、经营管理模式等内容,从而为下述章节的展开做好铺垫。

第一节　酒店管理的概念与理论基础

一、酒店管理的概念

酒店管理,实际上是酒店经营管理的简称,包括经营和管理两个方面,是指酒店管理者在了解市场需求的前提下,为了有效实现酒店的规定目标,遵循一定的原则,运用各种管理方法,对酒店所拥有的人力、财力、物力、时间、信息等资源进行计划、组织、指挥、协调和控制等一系列活动的总和。酒店管理的概念表明了酒店管理的目的、方法、要素和职能。

酒店管理的方法就是酒店管理者在管理过程中要遵循一定的管理原则,把酒店管理的基础理论、原理等通过一定形式和方法转化为实际的运作过程,以提高酒店管理成效,达到酒店管理目标。

（1）经济方法。经济方法是指酒店运用价格、成本、工资、奖金、经济合同、经济罚款等经济杠杆,用物质利益来影响、诱导企业员工的一种方法。

（2）行政方法。行政方法是指酒店依靠企业的各级行政管理机构的权力,通过命令、指示、规章以及其他有约束性的计划等行政手段来管理企业的方法。

（3）法律方法。法律方法是指以法律规范以及具有法律规范性质的各种行为规则为管理手段,调节酒店企业内外各种关系的一种方法。

（4）数量方法。数量方法是指运用数学的概念、理论和方法,对研究对象的性质、变化过程以及它们之间的关系进行定量的描述,利用数量关系或建立数量模型等方法对企业的经济活动进行管理的方法。

（5）社会学、心理学方法。社会学、心理学方法是指酒店企业借助于社会学和心理学的研究成果与方法,协调处理员工与员工之间、员工与酒店之间的关系,以调动员工的工作积极性、提升企业效益的方法。

二、酒店管理的理论基础

（一）赫茨伯格的双因素理论

赫茨伯格通过对 200 名工程师、会计师询问调查,研究出在工作环境中有两类因素起着不同的作用。一类是保健因素,诸如公司的政策,与上级、同级和下级的关系,工资,工作条件以及工作安全等。在工作中如果缺乏这些因素,工人就会不满意,就会缺勤、离职,但这些因素的存在本身,并不起很大激励作用。另一类是激励因素,诸如工作本身有意义、工作能得到赏识、有提升机会、有利于个人的成长和发展等。保健因素涉及的主要是工作的外部环境,激励因素涉及的主要是工作本身。赫茨伯格双因素理论把激励理论与人们的工作和工作环境直接联系起来了,这就更便于管理者在工作中对员工进行激励。

（二）斯金纳的强化理论

斯金纳认为强化可以分为正强化和负强化两种。如果对某个人的行为给予肯定和奖酬（如表扬、提升或发奖金等），就可以使这种行为巩固起来，保持下去，这就是正强化。相反，如果对某个人的行为给予否定或惩罚（如批评、罚款或处分等），就可以使这种行为减弱、消退，这就是负强化。这种理论认为通过正、负强化可以达到控制人们的行为按一定方向进行的目的。

第二节　酒店管理的理念分析

一、"CI"到"CS"的演变

在今天，几乎所有酒店经营者都认识到，只有使顾客满意，企业才能生存和发展，但这种顾客满意的理念，是在企业生存发展环境、社会消费习惯、产品概念以及企业经营战略等发生深刻变化的背景下逐步确立起来的。

（一）从"CI"到"CS"

"CI"（Corporate Identity）即为企业形象，是一种以塑造和传播企业形象为宗旨的经营战略，成型于20世纪50年代，70年代风靡全球，80年代中后期传入我国企业界，并被国内酒店业所接受。

随着市场从推销时代进入营销时代，在CI的基础上产生了CS。"CS"（Customer Satisfaction）即顾客满意理念，是指企业为了不断地满足顾客的要求，客观地、系统地测量顾客满意程度，了解顾客的需求和期望，并针对测量结果采取措施，一体化地改进产品和服务质量,从而获得持续提升的业绩的一种企业经营理念。

CS 理念及在此基础上形成的 CS 战略,在 20 世纪 80 年代末超越了 CI 战略,在世界发达国家盛行,并于 90 年代中期被我国企业界认识和接受。尽管构成顾客满意的主要思想和观念方法很早就有企业实践过,但是作为一种潮流,则出现于 20 世纪 90 年代。CS 经营战略关注的焦点是顾客,核心是顾客满意,其主要方法是通过顾客满意度指数的测定来推进产品和服务,满足顾客的需求,目标是赢得顾客,从而赢得市场、赢得利润,实现从"企业生产什么,顾客接受什么"转向"顾客需要什么,企业生产什么"的变革。

（二）"CS" 理念在酒店中的运用

1. 确定目标顾客

酒店要十分清楚地掌握顾客的动态和特征,首先应区分哪些是对本酒店有重要影响的目标顾客。要将有限的资金和精力用在刀刃上,到处撒网只能枉费资源。同时,做到以真正的顾客为中心。大多数企业面对顾客都是尽量拉拢,不敢得罪,然而美国的市场研究公司（CRI 公司）却将原有顾客削减了一半。CRI 公司发展到第 14 个年头时,生意越来越好,不少商界巨头也列入其不断增长的顾客名单之中,但令人奇怪的是该公司却首次出现了利润大幅下降的情况,着实让该公司的决策者纳闷。在对顾客对公司贡献重要程度进行分析后,情况一下子明朗了,原来该公司将太多的精力及人力投入到一些对自己根本没有利润的顾客上了,这种无谓的消耗将公司的业务带入不景气的阶段。

一些名气大但贡献微薄的公司让人难以拒绝,但为重新获得发展,该公司必须无情地放弃很大一部分现有顾客,同时再去争取有利可图的新顾客。这种决定是戏剧性的,因为这意味着公司一方面要砍掉收入的一部分来源,另一方面又得积极地寻找增加收入的途径。这种策略很独特,而且效果不错。不过,这种做法在有些情况下让人感到痛苦。该公司的财务经理在对一个顾客进行分析后发现这个顾客应被列入"拒绝服务"清单,便对上级抱怨:"拒绝这样的客户真是太令人难过了!"但他得到的回答是:"当你在努力开拓市场的时候,你一定不希望新的生意会给以后更多的生意带来阻碍吧?放弃有时也是一种积极的策略。"

2. 降低顾客成本

顾客成本是顾客在交易中的费用和付出,它表现为金钱、时间、精力和其他方面的损耗。企业经常忘了顾客交易过程中同样有成本。酒店对降低自己的交易成本有一整套的方法与规程,却很少考虑如何降低顾客的成本。酒店要吸引顾客,首先要评估顾客的关键要求,然后,设法降低顾客的总成本,提高让客价值。

二、"CS"到"CL"的发展

(一)从顾客满意到顾客忠诚的延伸

20 世纪 90 年代末,正当我国企业界在强调 CS 理念的时候,CS 经营理念又开始向更高的境界拓展和延伸,这就是"CL"(Customer Loyal),即"顾客忠诚"。需要说明的是,企业经营理念的几次跨越相互间是一种包容而非排斥的关系,前者是后者的基础,即顾客满意需要良好的企业形象,顾客忠诚必须建立在顾客满意的基础之上,缺一不可。图 1-1 描绘了 20 世纪以来企业经营理念变革发展的轨迹。

图 1-1　酒店经营理念的进化轨迹

从 CI 到 CS,从 CS 到 CI,这是人类经济发展和社会进步的一种反映,是市场经济发展的规律的体现。每一家酒店企业,都需要遵循这个规律,不断提高顾客满意度,培育一大批忠诚的顾客。

（二）"CI"理念在酒店中的运用

CI 理念侧重于企业的长远利益,注重于营造一批忠诚顾客。那么,现代酒店经营者如何营造忠诚的顾客队伍呢?

1. "消费者非常满意"理论的提出

美国营销大师菲利普·科特勒曾提出了"消费者非常满意"（Customer Delight）理论。该理论认为：顾客在购买一家企业的产品以后是否再次购买,取决于顾客对所购产品消费结果是否满意的判断。如果产品提供的实际利益低于顾客的期望,顾客就会不满意,就会不再购买这一产品；如果产品提供的实际利益等于顾客的期望,顾客就会感到满意,但是否继续购买这一产品仍然具有很大的不确定性；如果产品提供的实际利益超过了顾客的期望,顾客就会非常满意,就会产生继续购买的行为。因此,顾客的购后行为取决于他的购买评价,而购买评价又源自购买结果。企业要创造出重复购买企业产品的忠诚顾客,就要使顾客感到非常满意。

一般来说,顾客对产品的期望来源于他们过去的购买经历、朋友和同事的介绍以及企业的广告承诺等。因此,要超越顾客期望值,关键在于酒店企业首先要将顾客的期望值调节到适当的水平,在调整好顾客期望值的同时,设法超越顾客期望值,给客人一份意外的惊喜。

（1）做好顾客期望管理

酒店可以通过对所作承诺进行管理,可靠地执行所承诺的服务,并与顾客进行有效的沟通,来对期望进行有效的管理。

（2）设法超越顾客期望

期望管理为超出期望铺垫了道路。期望管理失败的一个主要原因是无法超出期望。受到管理的期望为超出顾客的期望提供了坚实的基础,可利用服务传送和服务重现所提供的机会来超出顾客的期望。

2. 顾客关系管理的推行

在现代市场竞争中,酒店企业的生存不再是靠一成不变的产品来维持,而是要靠为顾客创造全新服务、全新价值,换取长期的顾客忠诚,形成竞争者难以取代的竞争力,并与顾客建立长期的互惠互存的关系,才能得以生存。在当今竞争激烈的市场环境中,越来越多的酒店企业开始通过"顾客关系管理"(Customer Relationship Management, CRM)来赢得更多的顾客,并且提高顾客忠诚度。

三、"CS"到"ES"的升华

（一）从顾客满意到员工满意的拓展

越来越多的研究表明,员工满意与顾客满意有着不可分割的联系,满意的顾客源于满意的员工,企业只有赢得员工的满意,才能赢得顾客的满意,因此,企业从"CS"理念又向"ES"理念升华。

"ES"(Employee Satisfaction)理念的基本含义是:现代企业只有赢得员工满意,才会赢得顾客满意。因为面向服务的员工是联系企业与顾客的纽带,他们的行为及行为结果是顾客评估服务质量的直接依据。服务企业必须有效地选择、培训和激励与顾客接触的员工,在他们满意的同时营造满意的顾客。ES战略注重企业文化建设和员工忠诚感的培育,把人力资源管理作为企业竞争优势的源泉,把员工满意作为达到顾客满意这一企业目标的出发点。

（二）"ES"理念在酒店中的运用

"ES"理念注意员工忠诚度的培育,把员工满意作为达到顾客满意目标的出发点。那么,现代酒店经营者应如何提高员工满意度呢?

1. 内部营销理论的提出

"内部营销"(Internal Marketing)是指成功地选择、培训和尽可能激励员工很好地为顾客服务的工作。它包括两个要点:一是服务企业的员工是内部顾客,企业的部门是内部供应商。当企业员工在内部受到最好服务而向外部提供最好服务时,企业的运行可以达到最优。二是所有员工一致地认同本企业的任务、战略和目标,并在对顾客的服务中成为企业的忠实代理人。

2. 企业文化的培育

现代酒店的"ES"战略注重企业文化,所谓企业文化,就是企业员工在长期的生产经营活动过程中培育形成并共同遵守的最高目标、价值标准、基本信念以及行为规范。主要包括企业的最高目标和宗旨;共同的价值观;作风及传统习惯;行为规范和规章制度;企业环境和公共关系;企业形象识别系统;培育和造就杰出的团队英雄人物。

第三节 酒店经营管理的模式及创新

在半个世纪的时间里,酒店集团化连锁经营的形式得到了迅速的推广,国际性的酒店联号已达 270 个左右,著名的酒店联号的品牌也层出不穷。随着酒店业竞争的日益激烈,通过收购、兼并和资产重组,不少酒店联号公司已发展成规模庞大、实力雄厚的跨国集团公司,在世界酒店行业中起着支配性的作用。如作为地产投资信托商的喜达屋(Starwood)集团兼并了威斯汀、喜来登等 6 个酒店集团后,目前在世界 77 个国家拥有和经营着 700 多家酒店,雇员达 12 万多人。万豪(Marriott)集团则进入了《财富》杂志世界 500 强之列,而洲际集团(IHG)所管辖的酒店数量,已居全球之首。

一、酒店经营管理的主要模式

（一）并购经营模式

并购是酒店企业取得外部经营资源、寻求对外发展的战略。酒店企业实施扩张策略时，可以并购方式来实现。首先，并购方式能使酒店企业迅速进入新的区域。其次，通过并购方式酒店企业能拥有被并购酒店的营销网络、知名度与商誉等无形资产，这些无形资产对酒店集团在新市场构建竞争优势具有重大意义。最后，并购方式不仅能使酒店集团规模迅速得以壮大，并且对酒店整体的资产重组、业务优化具有重要作用。

随着酒店业的全球化发展，业内的主要品牌成为酒店业主和投资者追逐的目标。大批酒店集团采用兼并与收购策略，使酒店业成为当代世界最具影响力与竞争性的产业之一。当前，世界主要的酒店联号都将目标投向了欧洲、北美与亚太地区，作为其追求更多利益与更大发展的渠道。由于产品过剩和某些酒店集团无止境的扩张欲望，酒店企业之间的竞争日趋白热化，结果是一些大型国内或国际性企业及超级集团在市场上占主导地位。通过并购的方式，一些主要的酒店巨头往往能够拥有提供不同价位产品及服务的不同品牌，这使得小型的酒店几乎难以与其进行竞争。由于强势酒店集团的竞争力明显，一些小型的酒店开始考虑相互合作，以此与大型酒店集团相抗衡。

国际酒店集团频繁的并购活动对酒店业的发展产生了深远的影响。分析当前国外酒店集团的并购活动，可以发现以下特点。（1）频次多，价值大。如万豪集团以10亿美元并购了Renaissance品牌。（2）中高档品牌的酒店并购案多于低档酒店。（3）强强联合。大多数并购活动发生在全球酒店集团排行榜的前40名之间。（4）并购形式多样化，如现金并购、杠杆并购等。

并购方式的不足在于,酒店企业在并购过程中往往会遭到被并购方高层管理人员的强烈反抗,因而并购经常伴随有很高的交易成本。同时,并购后的整合工作十分复杂,对酒店企业经营层的管理能力要求是非常高的。为了使集团扩张获得成功,酒店并购方就必须对被并购方的发展前景、经营风险、获利能力、资产负债等方面进行系统的评估,并采取科学的取舍原则。

(二)特许经营模式

1.酒店特许经营模式的概念

酒店业的特许经营最早出现在 1907 年,当时,凯撒·里兹先生允许纽约、蒙特利尔、波士顿、里斯本和巴塞罗那的一些豪华酒店使用其著名的里兹品牌,这是特许经营的开端。酒店业中的特许经营在 20 世纪五六十年代才得到大规模发展。从运作方式看,特许经营的出让方提供品牌、生产及经营中必须遵循的方法和标准,提供组织及预订、营销帮助,从而确保业务有效运行,并定期对受让方进行检查,以保证市场中同一品牌的酒店产品保持质量的一致性。出让方通过以品牌为主要纽带的方式将受许酒店吸收到酒店联号之中,而受让方的财产权和财务仍保持独立,不受酒店联号的控制。

"拥有你自己的企业"作为一种个人成就的象征使得许多企业家走上独立经营之路,但是,独立经营既可能获利,也潜伏着失败的风险。为规避经营风险,许多新建独立企业纷纷加入特许经营联号之中。采用特许经营的优势是:特许权人可利用极少投资迅速渗透市场,提高企业创业和扩张效率,极快地以同一品牌占有市场,稳定地获取特许经营权益费;从管理的角度看,由于总部和加盟店之间只有一级管理层次,缩短了信息流通距离,管理复杂程度大大降低,提高了管理效率,而且大多数酒店集团都采用管理信息系统,实现了动态管理;从经济效益看,成员酒店自负盈亏,总部不承担直接投资,不负担人员工资,不投入过多的监督费用,加速了特许经营酒店的扩张速度。受特许权人利用集团企业成功的销售网络,参与集团营销,直接借鉴和利用集团企业的管理经验和运作模式,减少经营风险。

2. 酒店特许经营的形式

(1)获取特许经营权的条件

获得特许经营权的酒店必须向集团交纳一定的费用。费用通常包括两部分:一部分是一次性开办费用;另一部分是每月交纳固定的特许经营费,或每月除了交纳固定费用之外,再按从预订系统获得客源数中交付费用,或按客房营业总额的固定百分比交付费用,或按客房间数交付费用,及按已出租客房数交付费用等。

(2)特许经营授权方的管理形式

酒店集团派员定期视察特许酒店,以确保特许酒店在各个方面都能达到及符合集团的标准和要求,否则集团可以要求特许酒店限期整改,甚至收回标志、取消特许经营权。特许权经营的特点在于,它不涉及酒店所有权的变化。

3. 酒店特许经营的利弊

目前世界上最大的酒店集团之一——假日酒店集团就是利用转让特许经营权发展起来的。对于大型酒店集团,转让特许经营权是进行品牌扩张,扩大集团规模最有效的形式之一。从总体上讲,目前世界上真正实行直接经营方式的大集团越来越少,而采取特许经营权转让经营的越来越多。采用特许经营方式,特许品牌的拥有者最高可获得50%的利润。目前,在国内以特许经营方式营业的酒店有"速8"(Super 8 Motel)、"最佳西方"(Best Western)、"天天酒店"(Days Inn)等连锁品牌。

在目前国内酒店业的现状下,酒店业主对此认可度并不高。酒店业主的投资行为需要利润回报,这是基本的市场规律,但缴纳了品牌使用费却没有得到回报,业主就会抛弃特许经营的授权方。同时,由于缺乏对取得特许经营权酒店的直接控制,酒店业主的经营质量和水平得不到保证,这样往往会影响授权公司的声誉和品牌。

（三）合同管理经营模式

合同管理经营方式一般较适合于财力雄厚但专业管理人才及管理技术贫乏的单体酒店。对委托—代理双方而言,都具有较大的优势:具有管理经验企业可以较少的资本投入及较小的风险迅速扩张其企业规模,并获得相应收益,国外大型的酒店集团,常利用此方式来进行集团规模扩张。与此同时,在该领域没有实力及经验的业主也能通过此种经营方式分享该行业带来的丰厚回报。从市场角度看,我国酒店数量庞大,且基本以单体酒店为主,开展受托管理的市场空间很大。从行业的发展角度看,酒店合同管理经营的优势在于以下方面。

第一,促进和推动了整个酒店行业提高管理水平。现代化大酒店的兴起在我国为时不长,聘请国外酒店集团将科学、先进的管理技术、方法和经验引入了中国。

第二,有利于开发国际市场。国外酒店集团如"万豪国际酒店集团""洲际酒店集团""香格里拉酒店集团"等在全球占据着很大的市场,在推销、预订和广告宣传方面具有优势。这些国际性酒店集团的介入对我国酒店业进入国际旅游市场起到了不容低估的作用。

第三,增加行业竞争压力。国外酒店集团进入中国酒店行业,在将先进科学的管理经验和方法介绍进来的同时,对我国内资和自管酒店是一种挑战,形成了竞争压力。这种压力对于改善我国酒店的管理,提高服务质量起到了积极的作用。

目前,有很多其他行业以及民间资本进入旅游酒店行业,如房地产企业有酒店建筑方面的经验,却不一定具备酒店经营的能力,对于这类的企业和资本所有人而言,合同管理经营无疑是最佳的选择。

（四）战略联盟模式

战略联盟指企业为了保持和加强自身的竞争力自愿与其他企业在某些领域进行合作的一种经营形式。这是一种契约性的战略合作，不必进行一揽子的资源互换或股权置换，也不必形成法律约束的经营实体，仅仅依托契约关系进行合作。

战略联盟分为竞争对手联盟、顾客伙伴联盟和供应商伙伴联盟。竞争对手联盟指竞争对手之间为了减少无谓竞争并促进共同发展而自愿形成的联盟，以实现资源、市场和技术共享。酒店集团化经营发展过程中，传统的"收购"方式逐步退出，以市场营销为基础的战略联盟形式越来越多，包括许多小的酒店集团希望加入大集团，利用其全球预订系统扩大客源市场。顾客伙伴联盟则是企业与顾客之间的一种契约，以实现顾客的忠诚。供应商伙伴联盟指企业与供应商企业（含上下游产品）之间的联合，如酒店与航空、旅行社的联合促销，与各类物资供应企业的联合等。

（五）自主经营模式

1. 酒店自主经营模式的概念

酒店企业利用自身的财力，以投资或集资的形式去购置土地，建造新的酒店，或购买现成的酒店进行改造，然后调配人力去经营管理酒店的日常业务，酒店的产权属于该酒店公司。简单来讲，就是酒店既是投资者，又是经营管理者的经营形式称为自主经营模式。

2. 酒店自主经营的利弊

直接经营是酒店企业最原始的形式之一，现代酒店企业依然采用这种经营方式，是因为它的优点比较显而易见：有利于节约费用，如注册费用，以及经营管理的人工费用，因为这一集团中的酒店可以合用一部分采购人员、财会人员、维修人员等；酒店经营管理自主性大,能根据市场变化及时调整经营方向。

尽管如此,自主经营作为一种较为原始的经营方式,在现在市场竞争激烈的酒店行业,也存在着许多缺点,主要表现为:

第一,风险较大,当酒店规模发展为集团经营时,下属若干家饭店的资产同属同一业主和同一个法人,如果一家酒店经营失败而资产不足以清偿债务时,则集团中其他酒店的资产就得不到保护,有可能会被动用来偿付债务。

第二,由于当数家酒店同属一个业主,在计算所得税时须将所有酒店的利润加在一起计算,若按递进法计算的话,往往税率较高。

第三,直接投资建造酒店花费很大,要求企业必须拥有较强的经济实力,因为,资金的分散必然导致其他业务经营拓展的速度减慢,不利于酒店企业的集团化发展。

二、酒店经营管理模式创新思考

(一)形成现代化管理理念

虽然我国酒店行业发展的历史并不久远,但是已然已经积累了多年的经营管理经验,在新时期发展的形势下,酒店发展的理念一定要区别传统模式下的发展观念。由于我国地域广阔,各区域之间的差异性较大,根据自身的发展情况结合当地地域特色、人文特色,因地制宜制定合适自己的符合时代发展的经营模式才能更好地发展。在市场竞争如此激烈的大环境下,现代化的发展理念势必要从上到下灌输人心,完善自身管理制度,只有符合社会发展趋势的发展理念才能更好地促进酒店企业更快地发展。

(二)建立特色的服务体系

酒店企业作为服务行业中较为重要的体系,受顾客用户亲身体验感受的影响非常大,在新时期下,企业若想实现长久的发展,体验感和口碑度一定要加以重视。酒店管理经营者在现代化的发展理念之下,做好品牌影响和产品策略是非常重要的环节,通过与当地人文特色特点相结合,更好地包装酒店企业形象,更好地建立特色的服务体系,用户和顾客对酒店企业的第一印象就是服务的印象,提高服务体系,加强服务质量,提高顾客体验感,以人为本的科学发展观来看待酒店管理经验。从顾客的角度出发,完善自身服务体系,无论是员工的培训管理还是客房管理做到全方位用心贴心的周到服务,对顾客营造的第一印象很重要。新时期时代是个口碑的时代,对于服务行业来说,加强自身特色的服务体系是极其重要的一种营销手段。

第二章　酒店组织管理与营销管理

酒店组织管理与营销管理对于新时期酒店管理而言不可或缺。有效的组织管理可以从整体上提升酒店运营效果,利用合理的营销策略有助于提升酒店的人气和受欢迎度。本章就针对酒店组织管理与营销管理这两个方面的知识展开分析。

第一节　酒店组织管理与营销管理概述

一、酒店组织管理

酒店的组织管理就是酒店通过制定合理的组织机构和组织形式,并建立组织的规章制度、行为规范、监督机制等,将酒店的人力、物力和财力以及其他各种资源进行有效的整合利用,从而形成一个完整的系统,促进组织目标的实现。

（一）酒店组织管理的内容

1. 酒店组织机构的建立

酒店各个部门、各部门的层次以及它们之间的相互关系共同构成了酒店的组织机构。酒店组织机构建立的主要涉及以下几个方面。

（1）设置酒店的各个部门

酒店根据自己经营管理的需要分成不同的部门,通常划分为业务部门和职能部门两大类别。业务部门包括前厅部、客房部和餐饮部三大主要部门。职能部门在不同的酒店有不同的划分,通常主要的职能部门有人事部、工程部、财务部、康乐部、安保部、市场销售部及其他职能部门。各个部门有自己的职责权限和业务归属,并且在具体的酒店经营管理中相互协作配合,共同维护酒店的正常运转。

（2）划分酒店的各个机构层次

酒店组织部门都有一定的跨度,有横向的跨度,也有纵向的跨度。由于业务范围的不同,在横向的跨度上就形成了部门,纵向的跨度则从上至下形成不同的层次划分,层次的划分主要通过岗位的设置来确立。以酒店客房部为例,从上至下依次是部门经理、经理助理、主管,再到下面的领班、服务员以及基层的清扫员,他们在管理范围上都有自己的权限和职责,从而形成了组织机构上的层次等级,各个层次通过等级链连接起来,从而形成了酒店的组织机构框架。

（3）建立岗位责任制

形成酒店组织机构框架后,还需要把酒店的具体业务工作落实到各个部门和岗位。需要建立岗位责任制,以明确各个岗位的工作内容、工作任务、作业规范、岗位职责、权利和义务,使酒店的各项工作都有具体的岗位负责,防止多头管理以及管理漏洞的发生。此外,酒店组织内的各个岗位和部门之间以及从上至下各个层次之间都要进行有效的衔接,以形成畅通的运作流程,并通过制定相关的规章制度进行约束和督导,从而保证酒店的业务正常运转。

2. 酒店组织机构中的人员配置与整合

酒店设立了岗位并给各个岗位分配了具体的任务,接下来的任务就是为每个岗位配备人员,因为酒店大大小小的事务都需要通过人的操作来实现,因此,确定了酒店的组织机构之后,管理人员的配备就是至关重要的事情。管理人员的配备通常是根据酒店的需要,或由酒店的上级主管直接从现有人员中任命,或通过对外招聘纳贤。无论通过何种方式进行人员的配备,都需要关注以下两点。

（1）确定用人标准和用工人数

管理人员的配备要根据岗位的需要和业务量的大小确定合理的用人标准和具体的人数配备。一般说来,管理人员除了要具备过硬的专业技能,能够胜任本职工作以外,还必须具备一定的道德素质、品德素养、气质等。酒店用人有自己制定的标准,通常通过设定具体的用人标准进行考核,或考核专业知识、业务能力,或考核个人的思想品德、言谈气质和行为等。酒店的用人关系到酒店的生存和发展,人员的选拔录用非常重要,必须由专门的考核人员进行选拔考核,只有通过了考核,达到部门和岗位的要求,才能录用和上任。

管理人员人数的配备则要依据部门和岗位工作量或业务量的大小来确定,不同的酒店有不同的编制定员的方法和标准,或通过定量的分析来确定人员数量,或通过岗位排班与日工作量来确定,或以班组为单位进行确定等,总之,应以切实适合酒店的需要为宜,配备人员过多或过少都会影响酒店的正常经营。

（2）合理地进行授权和员工的使用

合理地使用人才是酒店顺利经营运转的关键,而要使用人才,就必须先对他们进行授权。授权要以酒店明文规定的规章制度为依据,同时,对每个岗位人员所赋予的权力要与其职责相一致。除了合理授权以外,酒店也必须合理地使用人才。

其一,要创造良好的工作环境,营造良好的工作氛围,要让每一位管理者及普通员工都能满足于自己的工作岗位,满足于工作环境和薪酬待遇,愉快地参与工作。

其二,除了将酒店的每一位工作者安排在适合的工作岗位上,做到人尽其才之外,还必须经常对员工进行考核,有针对性地培训,不断提高其专业技能和专业素质。

其三,对每一位在岗的管理者和员工,在赋予他们应有权力的同时,也应给予他们一定的能力发展空间,使他们能够充分发挥自己的才智,要有激励机制,为酒店管理者和员工提供实现个人价值的空间。

酒店的劳动组织管理工作需要将酒店各个工作岗位有效整合,组建酒店的业务流程并协调各个岗位和部门之间的协作,这中间需要制定各岗位的作业内容、岗位服务规程、岗位的排班、业务的作业程序、信息的传递机制等。由于酒店的业务内容很多,各业务工作又复杂多变,因此,制定酒店组织形式也是一项非常复杂的工作,需要酒店各级管理者慎重对待,共同设计和维护。

（二）酒店组织机构设置的原则

酒店组织机构设置的原则指的是酒店组织构建的准则和要求,它是评价酒店组织结构设计是否合理的必要条件。

1. 目标导向原则

在组织职能运作过程中,每一项工作均应为总目标服务,也就是说,酒店组织部门的划分应以企业经营目标为导向,酒店的组织形式必须要以能产生最佳效益为原则,组织层次和岗位的设置必须以切实符合酒店需要、提高经营运作效率为依据,对于任何妨碍目标实现的部门或岗位都应予以撤销、合并或改造。

在总的目标导向下,组织会有许多大大小小的任务要完成,所以我们在组织结构设计中要求"以任务建机构,以任务设职务,以任务配人员"。同时,考虑到酒店提供的服务和产品的复杂性和灵活性,在具体的酒店服务工作实践中有时候会无法真正找到与职位要求完全相符的人员,因此酒店组织在遵循"因事设人"原则的前提下,应根据员工的具体情况,适当地调整职务的位置,以利于发挥每一位员工的主观能动性。

2. 等级链原则

法约尔在《工业管理与一般管理》一书中阐述了一般管理的14条原则,并提出了著名的"等级链和跳板"原则,它形象地表述了企业的组织原则,即从最上级到最下级各层权力连成的等级结构。它是一条权力线,用以贯彻执行统一的命令和保证信息传递的秩序。酒店组织结构的层次性、等级性使得等级链原则成为酒店组织必须遵循的重要准则。对酒店来说,等级链原则包含三个重要的内容。

其一,等级链是组织系统从上到下形成的各管理层次的链条结构,因此,酒店高层在向各个部门发布命令时,对酒店各部门和各管理层而言必须是统一的,各项指令之间不能有任何的冲突和矛盾,否则就会影响酒店组织的正常运行,同时,任何下一级对上级发布的命令必须严格执行,因为等级链是一环接一环,中间任何层次的断裂都会影响到整个组织工作的进行。

其二,等级链表明了各级管理层的权力和职责。等级链本身就是一条权力线,是从酒店组织的最高权威逐层下放到下面的各管理层的一条"指挥链",酒店组织中每个管理层以及每一个工作岗位的成员都必须清楚自己该对谁负责,该承担什么义务和职责,责、权、利非常清楚明了。

其三,等级链反映了上级的决策、指令和工作任务由上至下逐层传递的过程,也反映了基层人员工作的执行情况,以及将信息反馈给上一级领导的信息传递路线,等级链越明确,酒店组织的决策、信息传递以及工作效率和效果就会越好。

3.控制跨度原则

由于个人能力和精力有限,每个管理人员直接管辖的下属人数应该有一定的范围,不能无限多,也不能太少。控制跨度原则就涉及对特定管理人员直接管辖和控制下属人数范围的确定问题,也即是管理跨度的大小问题。跨度太大,管理人员管辖下属的人数过多,会影响信息的传递,容易造成人浮于事,效率低下;而跨度太小容易造成组织任务不明确,工作任务执行不力,同样也会影响组织的运作效率。因此,正确控制管理跨度,是提高酒店工作效率、促进组织活动顺利开展的重要保障。

现代管理学家对管理跨度问题也进行过广泛的研究,管理跨度与管理者的岗位和管理者本人的素质有关,它受到个人能力、业务的复杂程度、任务量、机构空间分布等多方因素的影响,还要考虑上下级之间接触的频繁程度,上级的交际与领导能力等多方面的因素。一般来说,针对酒店服务和产品的特点,高层管理人员的管理跨度小于中层管理人员的管理跨度,中层管理人员的管理跨度又小于基层管理人员的管理跨度。例如,一个部门经理管理 5 ~ 6 位部门主管就不是一件容易的事情,而一个客房部主管管理 10 位客房服务员则是轻而易举的事情。因此,管理跨度的确定必须综合考虑各方面因素,且需要在实践中不断进行调整。

4. 有效制约原则

酒店组织作为一个整体,它的各项业务的运转离不开各部门的分工与合作。在分工协作的原则的基础上,还应有对由这种分工所引发出的部门与岗位彼此间的牵制与约束。适当的约束机制可以确保各部门按计划顺利完成目标任务,实现组织的总目标。有效的专约机制不仅是上级对下级的有效监督和制约,还包括下级对上级的监督和制约。上级对下级的制约可以促进员工更好地完成本职工作,提高工作效率与服务质量;下级对上级的监督和制约则是通过员工层或低一级的管理层对上级的监督,从而提高酒店管理层的决策和执行能力,如对领导人的约束机制可以避免其独断专行,对财务工作进行监督可以避免财务漏洞等。下级对上级的有效制约必须是在下级对上级的命令坚决执行的前提下进行的,上下级应同时遵循统一指挥,确保酒店的组织运作井然有序。

5. 动态适应原则

动态适应原则要求酒店组织在发展过程中,以动态的眼光看待环境变化和组织调整问题,当变化的外部环境要求组织进行适当调整甚至产生变革时,组织要有能力做出相应的反应,组织结构该调整的要调整,人员岗位该变动的要变动。而且反应速度要快,改变要及时,从而得以应对竞争日益加剧的外部环境。当前酒店的集团化和全球化扩张的趋势对我国酒店组织结构也提出了更新的要求,我国各大旅游酒店必须迅速适应这种市场竞争态势,尤其是组织结构的动态适应,应不断优化酒店的组织结构,提高酒店的日常经营管理能力,提供更优质的酒店产品和服务,从而不断提升酒店的核心竞争能力。

二、酒店营销管理

(一)酒店营销的含义

营销是企业的一种市场经营行为,它是以买方市场为对象,在动态的市场环境中研究卖方市场的产品或服务如何转移到消费者手中的过程。从不同的角度来看,这种行为大致有以下几种表述。

营销学奠基人之一、美国学者菲利普·科特勒在其《营销学》中给出这样的定义:营销是个人和团体通过为他人创造产品和价值并进行交换而满足其需要和欲望的社会过程和管理过程。

盖里·特莱帕给出这样的定义:了解顾客需要,使产品尽可能满足这些需要,劝说顾客满足自己的需要,最后,当客人愿意购买该产品时,保证购买方便。

安德逊给出这样的定义:营销的真正意义在于听取市场需求,满足需求,创造利润。据此,出色的营销自然应该意味着,你比自己的竞争者更注意倾听市场意见,也比竞争者更有效地满足市场需求。

我们可以把上述定义以及其他一些作者对营销的定义结合起来,对营销定义为:营销是企业的一种市场经营活动,即企业从满足消费者出发,综合运用各种科学的市场经营手段,把商品和服务整体地销售给消费者的经济活动。

根据以上定义,我们又根据酒店企业及产品的特点,对酒店营销进行如下界定:酒店营销是酒店管理人员为了在变化的市场环境中,通过市场调研,了解顾客需求,然后努力提供适合这种需求的产品和服务,使顾客满意、酒店获利而开展的一切活动。

（二）酒店营销的特点

酒店营销的特点明显受其产品特点的影响,因此,酒店产品的诸多特点决定了酒店营销活动的特点。

1. 产品的无形性给营销活动带来脆弱性

酒店提供的产品是以服务为主体的组合,酒店借助各种设施设备和物品原料,通过员工的劳动,满足宾客各种旅居生活所需。而服务是无形的,宾客在首次购买酒店产品之前无法触及和感受它们,这就给企业营销带来较大的难度。因此,酒店应巧妙地提供各种有形的证据来吸引宾客,让宾客眼见为实。这些有形的证据包括设施设备、人员形象、环境布置等。

2. 产品的不可储存性给营销活动增添艰巨性

酒店产品与其他商品不同,其价值不能储存,当天的产品卖不出去当天的产品价值就消失了,并且无法再挽回。因此,酒店在提供产品时,要掌握恰当的时机,提高产品的时间效用,在恰当的时间里提供恰当的产品,尽量实现产品的使用价值而减少损失率。如可采用量时销售、分时计价等方法减少损失。

3. 产品的不可运输性使营销活动丧失灵活性

酒店的产品是固定在酒店内的,具有不可移动性,其产品只能在酒店内交换,不能带走而只能就地消费。这就使其丧失了一定的灵活性。因此,酒店应对其产品进行大力宣传,吸引广大宾客到店消费,以保证一定的客源。

4. 产品生产和销售的限制性减少了营销活动产生规模效应的机会

由于酒店产品的不可储存性和不可移动性并且存在一定的淡旺季,导致其产品不能像其他产品那样集中批量生产和销售。因此,酒店在营销时最好通过建立酒店联号、实行连锁经营、组建酒店联盟、进行团队促销等方式,统一服务标准、服务程序、服务风格,来达到酒店产品的规模生产和规模销售,以获得较高的利润。

5.产品消费的随意性使营销活动必须着眼于刺激宾客的消费欲望

酒店的大部分宾客是旅游者,而且宾客的消费行为在很大程度上受情感、兴趣、动机等心理因素的影响,产品的消费随意性很大。因此,酒店应灵活掌握宾客的消费心理,进行有针对性的促销,以激发宾客更多的消费行为。

6.产品的非专利性促使营销活动必须讲究独特性

酒店产品具有非专利性的特点,一旦有新颖的产品出现,很容易被竞争对手模仿运用。因此,酒店在营销中要积极创新,不断开发具有特色的新颖产品,才能永远保持有利的市场地位。

第二节　酒店组织管理及创新

一、酒店的组织结构

酒店的组织结构是指酒店内各组织机构的架构体系,体现了酒店各部门职责范围、同级部门及上下级之间的关系。由于酒店所处的内外部环境的不断变化,酒店的组织机构也会随之变化。酒店组织机构的设置并没有统一的标准,而是因各企业规模、类型等的不同而存在差异,各企业均应根据自身的特点和经营目标来设置组织机构,以发挥组织管理职能,保证组织目标的实现。

（一）酒店组织结构类型

酒店组织结构是酒店组织管理的指挥系统。组织结构的设置合理性直接影响酒店经营管理活动的开展,因此酒店组织结构的设置必须有利于提高酒店组织的工作效率,保证酒店各项工作能协调、有秩序地进行。酒店组织结构模式主要有以下几种。

1. 直线制组织结构

直线制组织结构的特点是：酒店中各种职位从最高层到最低层按垂直系统直接排列，每一个下属部门只接受一个上级部门的指挥。组织中只设业务部门，不设或仅仅设一两个职能部门，兼及多项职能。直线制组织结构如图 2-1 所示。

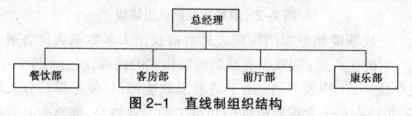

图 2-1　直线制组织结构

这种组织形式的优点是：结构简单；权责分明；指挥统一，不至令出多头；信息上下传递迅速；责任明确；反应快速灵活。缺点是：不利于同级部门的协调与联系；缺乏合理的劳动分工，业务部门既要承担对客接待服务工作，同时还要兼及本应属于职能部门的工作。例如，餐饮部既要对顾客提供餐饮服务，同时还要负责本部门员工的招聘、培训等工作。直线制组织结构模式对高层管理者的素质要求较高，由于管理职权的集中，使得高层管理者负担过重，甚至经常处于忙乱状态。这种形式一般只适用于小型酒店。

2. 直线职能制组织结构

直线职能制组织结构将酒店部门划分为业务部门和职能部门两大类。业务部门是对客服务的一线部门，这类部门（如餐饮部、客房部、康乐部等）的工作直接影响酒店的收入；职能部门不直接与顾客发生联系，而是为一线业务部门服务的部门，如财务部、人力资源部等。各职能部门分别从事专业的管理工作，这些职能部门作为管理者的参谋部门，一般对一线业务部门并无指挥权。直线职能制组织结构如图 2-2 所示。

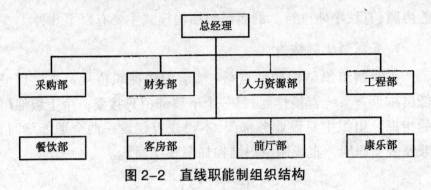

图 2-2　直线职能制组织结构

直线职能制组织结构模式目前被我国大多数酒店所普遍采用。它的优点是：吸收了直线制组织模式的优点，权力高度集中，政令统一，工作效率高；由于增加了职能部门，使得部门分工明确，并且有利于发挥职能部门和员工的专业特长，能够弥补管理者的不足之处，并能在一定程度上减轻管理者的负担。缺点是：权力高度集中，下级缺乏必要的自主权，积极性和灵活性得不到很好的发挥；高层管理者常为琐事困扰，不利于集中精力研究酒店经营决策等重大问题；各部门之间横向沟通和协调性差，容易从本部门利益出发考虑问题，而忽视酒店的整体利益。

3. 事业部制组织结构

事业部制组织结构模式是一种适用于酒店公司或酒店集团的组织形式，它的特点是集中决策、分散经营，即酒店集团按照地区或酒店星级标准等因素，成立若干个事业部，每一个事业部即为一个酒店，每一个酒店都具有法人地位，进行独立的经济核算，对本酒店内的计划、财务、销售等工作有决策权。最高领导层主要负责制定整个公司或集团的战略决策，如重要的人事决策、市场的开发、新技术的引进、经营战略的制定等，并采用一定的经济手段和行政手段对各事业部进行监督、协调、服务和控制。事业部制组织结构如图 2-3 所示。

事业部组织结构的优点是：最高管理层摆脱了日常琐事，可以集中精力制定整个企业发展的总目标、总方针及各项长远的战略决策；各事业部拥有较大的经营管理权，利于充分发挥管理者的积极性和主动性,增强环境适应能力及应变能力。这种组织形式也有明显的缺点:对各事业部管理者的素质要求很高,一旦某事业部最高管理人员决策不当,可能会影响该酒店的发展前途;职能部门重复设置,管理人员增多,成本费用增加;各事业部协调少,有独立的利益,因此整体意识较差,可能会因为本酒店的利益而牺牲酒店集团的整体利益。

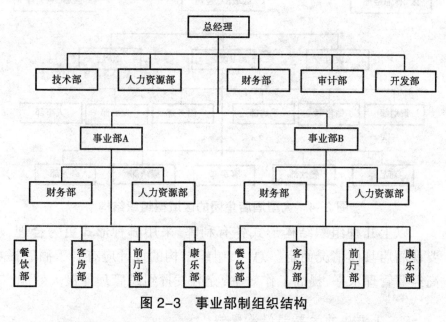

图 2-3　事业部制组织结构

4.区域型组织结构

区域型组织结构实际上是事业部制组织结构的一种变异方式,多见于国外的大型旅游酒店集团,如图 2-4 所示。酒店集团因为发展的需要而不断向国际市场延伸,实施全球扩张战略,酒店提供产品或服务的生产所需要的全部活动都基于地理位置而集中,因此产生了酒店的区域型组织结构模式。这种结构的设置一般针对酒店主要目标市场的销售区域来建立。区域型组织结构有较强的灵活性,它将权力和责任授予基层管理层次,能较好地适应各个不同地区的竞争情况,增进区域内营销、组织、财务等活动的协调。但该结构模式也可能增加酒店集团在保持发展战略一致性上的困难,有些机构的重复设置也可能导致成本的增加。

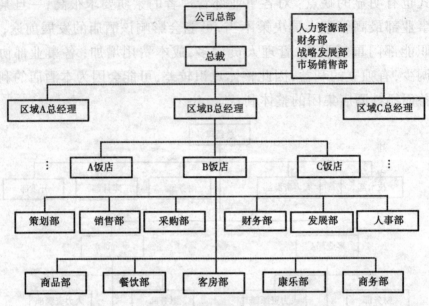

图 2-4 大型酒店集团的区域型组织结构

以上几种组织结构形式各有利弊,采用哪种形式更为合理,要视酒店具体情况而定。总之,组织结构的设计应有利于酒店提高经营管理水平,提高工作效率,充分发挥组织管理的最大效能。

（二）酒店的主要部门及职能

现代酒店的部门机构设置,因各酒店规模和性质的不同而不同,但各部门的职能基本是一致的。一般来说,酒店的部门机构是根据酒店为客人提供的产品和服务来设置的,主要有以下10个部门。

1. 客房部

客房是酒店的基本设施和主体,是酒店出售的主要产品之一,其营业收入是酒店经营收入的重要来源。客房部服务质量是酒店产品质量的重要组成部分,客房部的主要职能如下。

其一,为宾客提供整洁而舒适的客房及热情周到的服务。

其二,管理好客房的各项设施设备,使其保持良好的工作状态,为实现较高的客房出租率创造必备的条件。由于住店客人通常也是酒店其他部门(如餐饮部、康乐部等部门)产品的主要消费群体,因而若能保持较高的客房出租率,酒店的其他设施便能充分发挥作用。

其三,搞好公共区域的清洁工作。客房部作为直接与宾客接触的部门,服务质量的好坏直接关系到宾客对酒店的评价,也是带动其他部门经营活动的关键。

2. 前厅部

前厅部是宾客与酒店接触的起点,其形象及服务质量直接影响宾客对酒店的第一印象。前厅部在酒店组织中占有举足轻重的地位,其职能可以概括为以下三个方面。

其一,前厅部作为酒店经营活动的枢纽,业务工作贯穿于酒店与宾客接触和交易往来的始终,工作内容主要有预订客房、办理入住登记手续、安排房间、提供委托代办服务、接受问询、处理投诉、结账等,业务复杂,涉及面广。

其二,除了对客提供服务之外,前厅部又是酒店组织客源、创造经济收入的关键部门,前厅部通过自身的有效运转能提高客房出租率,增加客房销售收入,这是前厅部十分重要的工作。

其三,前厅部作为酒店信息集散中心,通过提供各种市场信息、建立客户档案、反映经营情况和服务质量评价等为酒店管理者进行科学决策提供依据。

3. 餐饮部

餐饮部是酒店创收的重要部门,通过向宾客提供餐饮服务,为酒店直接创造经济效益。餐饮部的主要职能如下。

其一,全面筹划餐饮食品原材料采购、生产加工、产品销售及服务工作。

其二,通过对餐厅服务和厨房生产进行合理细致的安排,提供色、香、味、形俱全且健康、安全的食品及酒水饮料,满足顾客要求。

其三,对外扩大宣传,积极销售;对内提高产品和服务质量,加强管理,降低成本,力争取得最大的经济效益和社会效益。餐饮部与客房部一样,都是直接对客服务的部门,员工形象及服务质量、管理水平直接影响酒店的形象,是酒店管理工作的重要环节。

4. 营销部

营销部的主要职责是推广酒店的主要产品和服务,保证酒店在任何季节都能有充足的客源,维护酒店的声誉,策划酒店的形象,扩大酒店的市场知名度,打造酒店的品牌。营销部的规模大小也与酒店的规模大小相关,大型酒店的营销部由经理、主管、市场营销的专兼职人员组成,为保证酒店客源,营销部还会不定期地组织专门人员进行市场调研,了解市场行情和游客的需求,从而指导酒店组织提供尽可能满足顾客需求的产品。

5. 康乐部

随着康乐业的发展,酒店康乐部受到越来越多的关注。消费者进入酒店除了有基本的住宿及饮食需求外,康乐需求日益增长。通常四星级、五星级酒店及度假型酒店中都设有康乐部,康乐部借助场地和各种设施设备为客人提供运动健身和休闲娱乐服务。康乐活动项目多种多样,主要有运动类(如球类活动、器械类活动、游泳)、保健类(如桑拿浴、美容美发)、休闲娱乐类(如棋牌、歌舞)等。

康乐部的职能主要有:通过自身服务,满足客人的运动健身需求;做好康乐中心的卫生工作;保证各种运动设施设备正常运转,做好各种器械及活动场地的安全保障工作,消除安全隐患;对于新型器械的使用及技术性很强的活动项目,给客人提供必要的指导服务等。康乐部也是为酒店直接创收的部门。

6. 工程部

酒店的设施设备是酒店经营所依托的物质基础。工程部的主要职责就是保证酒店所有设施设备,如客房和大厅的室内装修与陈设,水电系统、空调系统、电话系统、卫生间设备系统等的正常运转与使用。工程部不仅要对各种设施设备出现的问题进行及时的修理,保证能正常使用,还应经常对酒店的各项设施设备进行保养和更新,使之始终处于良好的工作状态,避免顾客使用时发生危险。可以说,工程部的工作关系到酒店员工的操作安全及来店客人的使用安全,关系到客房出租率,也关系到酒店服务质量的高低,是酒店重要的后台保障部门。

7.人力资源部

酒店主要依靠人的活动完成经营管理,兑现服务产品,因此,员工的积极性、创造性、业务水平等直接决定酒店服务质量的高低,决定顾客的满意程度,也是决定酒店竞争成败的重要因素。人力资源部是酒店中的一个非常重要的部门,它一般直接受总经理的领导和制约,其主要职责是为了满足酒店经营管理的需要,协助其他部门做好酒店管理人员和服务人员的选聘、培训工作,提高员工素质和技能,使之符合各个岗位的需要;向各岗位科学配置员工,实现人与事的最佳组合,从而提高工作效率;利用各种激励措施激发员工潜能和工作的积极性、主动性,从而增强企业活力和市场竞争力,为酒店的发展发挥积极作用。

8.安全部

在我国,酒店被列为特种行业,即易于被犯罪分子当成落脚藏身处并进行违法犯罪活动的场所。酒店是一个公共场所,来往人员复杂,同时因存放各种物资及资产,容易成为犯罪分子的作案目标,因而酒店的安全保卫工作的难度较大。酒店安全部的职责就是制定安全工作计划,完善安全管理规范,对员工进行安全教育,消除安全隐患,及时制止各种犯罪行为的发生,从而保障宾客和员工人身、财产安全及整个酒店的安全,给酒店员工一个安全的工作环境,给顾客一个安全、放心的饮食、住宿场所。

9.财务部

财务部负责处理酒店经营活动中的财务管理和会计核算工

作,主要职责包括:建立各种会计账目;处理酒店的日常财务工作,稽核酒店各类营业收入和支出;制定酒店对商业往来客户的信贷政策并负责执行;负责酒店产品成本控制和定价事宜;处理各项应收、应付款事宜;配合人力资源部办理发薪事宜;编制财务预算;代表酒店对外处理银行信贷、外汇、税务、统计等事宜;定期向酒店管理层提供各种财务报告及经营统计资料,为管理层决策提供依据;审核各部门提出的采购申请计划;召集营业部门的财务分析会议。

10.商场部

商场部即酒店所设的购物商场或购物中心。酒店商场部出售的商品有日常生活用品,主要用于满足客人的生活需求;也出售当地特有的旅游商品,以满足旅客馈赠亲友或者留作纪念的需要。商品的销售不仅能满足顾客的需要,增加酒店收入,那些刻有酒店标志的商品,对酒店又能起到一定的宣传促销作用,因此,不能忽视商场部的作用,应增强商场的经营特色,提高管理水平,更好地实现酒店的经营目标。

二、酒店的组织管理制度

(一)酒店的基本制度

1.总经理负责制

总经理负责制是酒店组织管理的一项基本制度,即在酒店组织中建立以总经理为首的经营管理系统,总经理处于中心位置,在酒店人、财、物等方面拥有决定权,并根据董事会或投资者的决策,全面负责酒店业务的经营管理,同时在酒店的经营成果上负有相对应的责任。总经理负责制适应酒店现代化管理的需要,符合现代酒店经营管理规律的要求。总经理的工作及权限主要包括以下四个方面。

（1）经营决策权限

总经理对酒店有经营决策权,负责制定酒店的发展计划并组织具体实施,包括建设酒店组织结构,制定酒店组织管理制度,全面指挥酒店各职能部门和业务部门的经营运作,能任意调派使用酒店的资金、设备、设施、物资等资源以实现组织目标,同时对酒店全部资产负有责任。

（2）人事任免权限

酒店是一个劳动密集型企业,酒店产品质量的高低在很大程度上取决于员工素质、能力的强弱及管理水平的高低。为了保证酒店能提供高质量的服务,用好人、用对人十分重要。

因此,总经理应亲自督导酒店的人事任免及奖惩工作,尤其应全面负责优秀管理人才的选聘和任用,保证员工队伍素质和能力符合岗位需要、符合酒店发展的需要。

（3）财务管理权限

酒店经营管理的出发点和归宿是盈利,要实现盈利,做好财务管理工作至关重要。酒店财务管理是对酒店资金的筹措、分配、使用和回收全过程的管理,它贯穿于酒店业务经营过程的始终。总经理必须亲自监督酒店的财务运转状况,控制成本、增加利润,改善经营,以保证经营目标的实现。

（4）酒店企业文化建设职责

酒店总经理负责酒店企业文化建设,保障酒店职工代表大会和工会的权利,支持酒店各组织的活动,不断改善酒店员工的劳动作业条件,维护酒店良好的工作环境及和谐的工作氛围。总经理负责制赋予总经理一定的权力及权威,同时,还要求总经理对酒店经营管理所取得的社会效益及经济效益承担相应的责任。因此,酒店总经理应具有高度的责任感、良好的职业素质、出色的领导才能。酒店也应该通过各种有效的制度和组织形式,保证总经理的权力和权威既能得到充分发挥,又能受到应有的监督。

2. 岗位责任制

岗位责任制,即在合理分工的基础上,明确规定各岗位及每个岗位上的工作人员必须完成的工作任务、作业标准、权限、工作量以及需要承担的与之相应的责任的制度。具体来说,岗位责任制包含四项基本内容:第一,岗位名称、职责范围、上下级隶属关系和具体工作任务;第二,每项工作任务的基本要求、标准和操作程序;第三,应承担的责任和应遵守的制度;第四,与相关岗位的协作要求等。酒店岗位责任制是一个完整的体系,它包括酒店总经理岗位责任制,各部门主管、技术人员和职能部门员工的岗位责任制,一线生产、服务人员的岗位责任制等。

岗位责任制能使每个员工都清楚地认识到自己所在的岗位要完成哪些工作、怎样完成、应达到什么样的标准和效果。岗位责任制是酒店组织管理的基础,是酒店全体员工的工作指南及各项业务监督检查的依据,要求人人要遵守,严格执行。岗位责任制的落实,有利于确保酒店组织各部门、各层次、各级各类员工各司其职、合理分工,密切配合,从而保证酒店组织的正常运行。

3. 酒店经济责任制

经济责任制是酒店的另一项基本经济制度,其核心内容是将酒店组织的经营管理目标进行逐层分解,落实到酒店的各个部门、各个岗位和具体的个人。按照责、权、利相一致的原则,将个人创造的效益与酒店整体效益相联系,并以此为基础进行劳动分配,个人创造了多少劳动价值就能分配应有的劳动所得。实行经济责任制,就是将酒店的经济责任以合同的形式固定下来的一种经营管理制度。酒店经济责任制包括的主要内容有:

(1)制定酒店决策。即明确酒店组织的总体经营目标。

(2)落实经济责任。即将酒店组织的经营目标层层下放到酒店的各部门、各岗位和个人。通常实行定量化的管理,将酒店的经营目标进行分解,以指标的形式下放,以利于考核和成果的评定。

(3)考核。考核是保证酒店目标实现的重要手段,通过考核才能了解酒店各部门、各岗位和个人的工作完成情况,检查经济责任是否完全履行。考核结果必须真实详尽并且清楚公平,它是酒店员工劳动分配的标准和依据。

（4）效益为本,按劳分配。根据各部门和个人所创造的效益实行按劳分配。酒店的经济责任制的分配方式有计分计奖制、浮动工资制、提成工资制等多种。

经济责任制的实施要本着公开、公平和公正的原则,严格按照效益和利益相一致的原则实施按劳分配,这样方能充分调动酒店全体员工工作的积极性和创造性,使每一位员工都能真正为酒店的利益而努力工作,从而实现酒店组织的经营目标,推动酒店的不断发展。

4.员工手册

酒店员工手册是酒店全体员工应共同遵守的行为规范的条文文件。酒店员工手册的内容包括序言、总则、组织管理、劳动条例、计划方法、组织结构、职工福利和劳动纪律、奖励和纪律处分、安全守则等。员工手册对每个酒店都是必不可少的,它规定了酒店全体员工共同拥有的权利和义务,规定了全体员工必须遵守的行为规范,只要是酒店员工,在酒店的工作(包括外表形象、言行举止等)中都要受员工手册上的条款约束。员工手册对酒店的意义非常重大,是保证酒店有序运作的酒店组织的基本制度。员工手册的内容必须通俗易懂,便于员工操作,从而真正发挥作用。

（二）酒店管理制度

酒店管理制度是对酒店管理各基本方面规定的活动框架,是用以引导、约束、激励集体行为的规范体系。它在整个酒店通用,要求全体员工遵照执行。按照酒店组织部门和业务划分,酒店管理制度又分为部门管理制度和业务操作规范制度。

1.部门管理制度

部门管理制度是由酒店下属的各专业部门制定,并要求全体员工遵照执行的相关专业管理制度。酒店部门管理制度主要有人事管理制度、财务管理制度、安全保卫制度、行政性管理制度、设备设施管理制度、物品管理制度等。

2. 业务操作规范制度

业务操作规范制度是酒店下属业务部门根据自身的业务及其运作特点为规范部门行为而制定的相关管理制度，包括业务运作制度、服务质量标准、劳动考核制度等。业务运作制度主要有业务流程，服务质量检查，考评制度，排班、替班、交接班制度，卫生制度等；服务质量标准是酒店在根据自己的等级、规模以及整体管理水平定位的基础上而制定的提供产品和服务的质量标准；劳动考核制度是对酒店员工的考勤、任务分配、奖惩、违规违纪处理等日常业务工作进行规范。如表2-1所示。

表2-1　上海华亭宾馆客房部作业规程(做床前)

部门：客房部	岗位：客房服务员	工作：打扫整理客房
步骤	要求	预期结果/质量标准
A：敲门	(1)清晰地按铃，并等等反应 (2)如客人有回音，就说："我是客房服务员，我能进来吗？"并等客人开门(等5分钟) (3)如房内没有反应，再用钥匙打开门(等5秒钟)；并重复说一遍："我能进来吗？"	使房内的客人知道，服务员将要进来打扫客房，让客人做好准备
B1：打开窗帘	直接走到窗前，将薄、厚两层窗帘全部打开，让光线进来，并检查窗帘的状态	保持良好的拉关状态
B2：检查电器	(1)检查房内所有电器、过道灯、顶灯、卫生间灯、床头灯、落地灯、梳妆台上的灯、电视机、收音机等，如发现有电器坏了，立即向楼长汇报，以便及时修理 (2)如房内有异味，打开窗(从楼长处拿开窗钥匙)	(1)确保电器完好，使客人感到舒适和安全 (2)让清洁、新鲜空气进房，消除异味
B3：将空调调至适当的温度	(1)如果是退房：在夏季调至冷与中挡之间；在冬季调至暖与中挡之间 (2)如果是住房，在客人已调至合适的温度时，就不要去调它	(1)使新住宿的客人有舒适的温度 (2)动空调开关后，客人可能会不高兴
B4：将垃圾收集起来，倒入工作车的废物袋中	在房内按顺时针方向走一圈，将地上的垃圾拾起来，然后将垃圾桶拿出去，把垃圾全部倒入工作车上的废物袋中	便于地毯吸尘

部门：客房部	岗位：客房服务员	工作：打扫整理客房
步骤	要求	预期结果／质量标准
B5：把餐具和用餐车移到房外	（1）将客房供膳的餐具和他们的用餐车移到房外，放房门边 （2）打电话给客房用膳部，让其取走送到厨房 （3）继续工作，若打扫整理房间完毕后，仍没有人来取，则要将这些餐具和用餐车送至楼层服务室 （4）向楼长汇报情况，并与客房供膳部领班联系	不能妨碍客人在走廊中行走，保持规定标准

三、酒店组织管理创新

（一）有效组织结构的选择

天下不存在两片相同的树叶，天下更不存在两个完全相同的企业组织结构，至今还没有一个完全完美的组织结构。因此对任何一个特定的企业而言如何设计一个适合于它的、能够使其有效地实现企业目标的组织结构，实在是一个较困难的问题，也是一个至关重要的问题。因为它涉及下面几个基本问题。

（1）企业面临的动态环境的准确把握与研究，包括外部大环境和内部环境的研究。

（2）管理幅度（Span）与企业组织中层级结构的合理性。

（3）如何进行组织中职权（责权）的恰当分配。

（4）委员会在组织中处于什么地位，在什么情况下需要设置委员会。

（5）特别是在21世纪高科技迅速扩展，Internet十分普及的情况下，我们是按亚当·斯密的分工理论或是按汉模博士的企业再造理论来设计企业组织结构，或者是既考虑到"企业再造"的革命，又考虑到还有一个过渡期，因而兼顾仍沿用一部分分工理论来设计企业组织结构，这些都是我们在重新设计酒店组织结构中要解决好的问题。

如果不改革仍着重沿用亚当·斯密的分工理论,则组织机构仍会相当庞大,生产服务效益低、效率相对差的问题仍不会从根本上解决,不可能达到高绩效标准的要求,因为从分工理论的管理幅度原则可知:一个主管者所能直接管理的下属员工受到格兰丘纳斯公式计算结果的限制。格兰丘纳斯公式:

$$R=n\{2^{n}+1/2+(n-1)\}$$

式中:R——上下级关系数;n——直接管理的下属员工数。从这一公式看出:直接下属员工数 n 成算数级数增加,而上下级关系数 R 则成几何级数增加。所以按分工理论,一个管理者不可能直接管理太多的下属员工。考虑到工作性质不同、难易程度不同等因素,经分别加权之后,可得到如表 2-2 所示数据。

表 2-2　格兰丘纳斯公式计算结果

影响管理幅度因素的权数总和	标准的管理幅度人数
40 ~ 42	4 ~ 5
37 ~ 39	4 ~ 6
34 ~ 36	4 ~ 7
31 ~ 33	5 ~ 8
28 ~ 30	6 ~ 9
25 ~ 27	7 ~ 10
22 ~ 27	8 ~ 11

所以,当旅游酒店企业规模较大员工人数多时,其结构必然设计得管理层次多,部门多,摆脱不了机构庞大效率低的老毛病。

（二）酒店组织机构的创新

酒店实行公关、广告、宣传、预订、接待、服务、财务等作业的一条龙。作业一条龙服务的改进,打破传统的部门化分工体制,将酒店组织结构设计为两大系统,即前台（作业与服务）系统与后台（作业与服务）系统。这两个系统在电脑系统的支持下进行各项管理作业和一系列的服务工作。这两个系统在总经理（辅以顾问、咨询、决策系统的参谋支持）的直接领导下进行动作。这样的

"一条龙"管理与服务系统,内部沟通协作配合得好,提高了工作效率,由于精简了机构和人员,经营成本将大大降低。同时通过因特网可及时与全球各地各位客人进行互动联系、沟通,大大改进和提高了服务质量,也减少了公关广告费用。这种新的酒店组织结构系统的框图如图 2-5 所示。

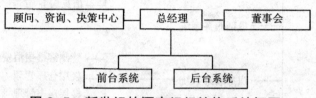

图 2-5　新世纪的酒店组织结构系统框图

这个新的酒店组织结构系统的特点是:加大两头削减中间层。由于因特网的作用,酒店最高管理决策层经常及时的获得客户方面的信息、市场竞争的信息等,并需及时作出相适应的管理决策和实施措施。所以必须加强最高管理决策层。为了更好地服务于客人,体现人性化的服务特征,提高服务质量让客人满意,必须加强执行作业层(即基层)的管理。而中间层和一些职能部门将实行合并实行作业整合,因此中间层管理人员将有较大的缩减,原上传下达信息的职能将被电脑网络系统所代替。最高管理层的信息可直接下达到基层,基层的信息也可直接上传到最高层。整个组织结构系统对相应的人员的素质要求提高了。这需要有广博的知识和技能,要求要成为一专多能的多面手,只有这样才能更好实行"作业重组""作业程序整合"。

罗斯·韦伯(Ross·Webber)认为,由于未来企业组织中电子计算机的广泛使用,管理信息系统的大量建立,使得企业组织又回到集权制,即企业的重要决策又再度集中于高层管理者,高层管理者将决策及指挥命令直接下达给下层(基层)管理者,甚至直接下达给作业层的服务员、工人,形成钟式组织结构(又称葫芦型组织结构)。如图 2-6、图 2-7、图 2-8 所示。

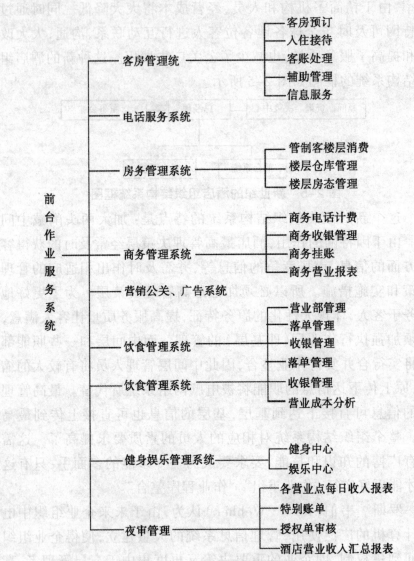

图 2-6　前台作业服务系统

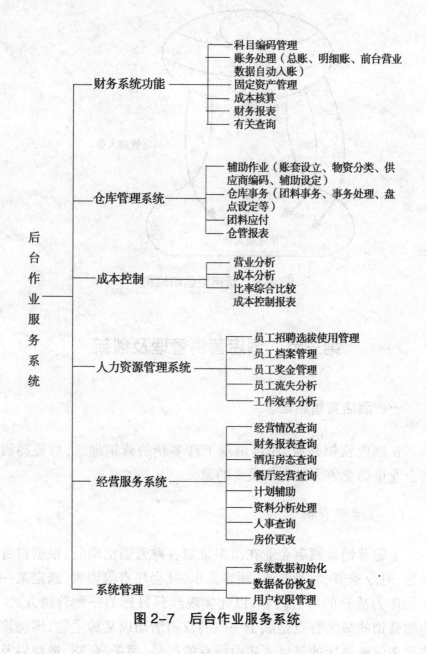

财务系统功能
- 科目编码管理
- 账务处理（总账、明细账、前台营业数据自动入账）
- 固定资产管理
- 成本核算
- 财务报表
- 有关查询

仓库管理系统
- 辅助作业（账套设立、物资分类、供应商编码、辅助设定）
- 仓库事务（团料事务、事务处理、盘点设定等）
- 团料应付
- 仓管报表

成本控制
- 营业分析
- 成本分析
- 比率综合比较
- 成本控制报表

人力资源管理系统
- 员工招聘选拔使用管理
- 员工档案管理
- 员工奖金管理
- 员工流失分析
- 工作效率分析

经营服务系统
- 经营情况查询
- 财务报表查询
- 酒店房态查询
- 餐厅经营查询
- 计划辅助
- 资料分析处理
- 人事查询
- 房价更改

系统管理
- 系统数据初始化
- 数据备份恢复
- 用户权限管理

后台作业服务系统

图 2-7 后台作业服务系统

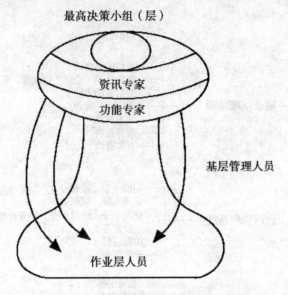

图 2-8　葫芦型组织结构

第三节　酒店营销管理及创新

一、酒店营销新理念

在酒店营销领域,相继出现了许多新的营销理念,对提高酒店企业市场竞争力具有很重要的意义。

（一）主题营销

主题营销是酒店企业在组织策划各种营销活动时,根据自身特色、时令季节、时尚潮流、顾客需求、社会热点等因素,选定某一主题作为活动的中心内容,以此实现经营目标的一种营销方式。主题营销的最大特点是赋予一般的营销活动以某种主题,围绕该主题来营造酒店的气氛。店内所有的产品、服务、色彩、造型以及活动都为主题服务,使主题成为客人识别酒店的特征和产生消费行为的刺激物。主题营销不仅是一种差异营销,而且是一种品牌营销,更是一种文化营销。

主题的选择可以是民俗地域,如古埃及文化、玛雅文化、酒文化、茶文化等;主题的选择可以是历史文化,如唐、宋、元、明等;主题的选择可以是文学艺术,如西游宴、红楼宴等;主题的选择可以是娱乐文化,如音乐、舞蹈、戏剧等;主题的选择可以是休闲运动,如奥运会等。

（二）分时营销

分时营销是指酒店将客房的使用权分时段出售给顾客,顾客购买了该时段的使用权后,可以享有转让、馈赠、继承、分时使用等权益以及对公共配套设施的优惠使用权。分时营销具有销售价格相对较低、使用方式较为灵活、酒店产品具有家庭气氛的特点。

典型的分时营销过程包含酒店、销售代理商、交换公司、购买者四方之间的多种关系。因此,分时营销的运作模式可分为双边式(酒店与购买者)、三边式(酒店、购买者与销售公司)和多边式(酒店、购买者、销售公司与交换公司等)三种类型。

（三）机会营销

机会营销是指企业根据市场环境,寻找到与本企业的经营条件和经营目标相吻合的市场机会而开展的市场营销活动。酒店的市场营销机会具有广泛性、隐蔽性、瞬时性、随机性和对应性等特点。因此,要正确运用机会营销策略,关键是要找到、发现、捕捉、利用和开发各种营销机会,然后根据市场营销机会来组织与开展机会营销活动。

发现、创造和捕捉市场机会的方法很多,可从信息情报中去发现和捕捉,如报纸、电台、电视、政府和上级新出台的政策、文件等;可从社会潮流和趋势中去发现和捕捉,如环保潮流、科技潮流、消费时尚、健康潮流、文化潮流等;可从社会重大事件中去发现和捕捉,如北京 2008 年奥运会筹备期间、上海 2010 年世博会筹备期间可能带来的市场营销机会等；可从经济文化发展中去发现和捕捉。

（四）绿色营销

绿色营销是指企业以促进可持续性发展为目标，为实现企业经济利益、满足消费者需求和保护环境利益，统一而有目的、有计划地开发和交换产品的一种营销活动。其宗旨是保护生态环境，防治污染，充分利用并回收再生资源，以利于社会。绿色营销的途径有：树立绿色形象，如绿色产品形象、绿色员工形象；做好绿色培训，如绿色计划制订、绿色能力训练；开发绿色产品，如绿色客房、绿色餐厅；加强绿色沟通，如绿色广告、绿色公关等。

（五）内部营销

内部营销理论认为，为实现企业经营目标，必须首先把酒店内部看作一个内部市场，将酒店的员工看作酒店的内部宾客，必须先于外部营销活动做好内部营销活动。满意的员工才能提供宾客满意的产品，满意的宾客会频繁光顾酒店为酒店带来经济效益，收益良好的酒店会给员工带来更多的利益，满意的员工会为酒店提供更加出色的产品和服务。依次良性循环。内部营销的途径有尊重员工、了解员工、关心员工、发展员工、激励员工等。

（六）网络营销

网络营销是指酒店以互联网为传播手段，借助网络、电脑通信和数字交互式媒体等技术来沟通供求之间的联系、销售企业的产品和服务的一种现代市场营销方式和策略。网络营销的价值在于使生产者与消费者之间的价值交换更便利、更充分、更有效率。网络营销的方式有网络调研、网络广告宣传、网络预订等。

二、酒店营销网站的设计

（一）创建企业站点的步骤

创建一个企业的网络站点大体有四个步骤。

（1）确定站点的主题、营销目标，是为了销售产品或增强企业形象或是用作企业的信息仓库等。

（2）设计支持上述主题、营销目标的网页内容。

（3）将这些文档转化为 HTML 文档。

（4）选择网络服务商（Internet Service Provider, ISP），将您的站点连接到 Internet 上。

作为企业的营销人员，在站点的创造过程中的主要任务是提供和组织站点的内容，而 HTML 编码可由公司 WM 或雇佣专门从事网络站点创建业务的公司来做。在确定网络站点的费用预算时，应考虑成本项目：创建费用、创造性和技术性咨询费用、更新维护费用。

（二）酒店网页的基本设计方法

下面按照站点的组成部分分别说明其基本设计方法。

1. 主页设计方法

主页设计的第一步是确定站点的主题。所谓主题是与企业宗旨相对应的概念，确定主题有助于开发既具有独特风格又前后一致的 Web 页面。站点的主题与企业的产品与服务是紧密相关的。主题是一生动的概念，既能反映企业从事的业务又具有鼓动力和感染力。主题常常通过主页上陈述企业任务的那句话反映出来。在主页的左上角以醒目的字体显示出来。现假设为一个烹饪学校设计主页，根据这所学校的宗旨："烹饪有利健康"，它希望 Web 页面集中介绍新鲜易消化的健应食品，所以这所学校较好的主题可选择：新鲜和健康的食品。另外一个主要的因素是颜色的选择。颜色同样重要。颜色方案应该是主题的一个组成部分,它能清楚地反映你想让你的产品和服务具有的基调。确定颜色组合方案可按以下步骤。

(1)设置背景颜色。不宜选择鲜艳颜色。白色背景显得非常干净且能表现多种颜色,从而能使任何页面具有新鲜的感觉。

(2)设置文本颜色。现在常采用的是默认颜色——黑色,白底黑字看起很单调,但是很难找到另一种更合理的组合。

(3)选择链接颜色。如果想使 Web 页面好看并体现自己的风格,那么这是很重要的。人们讨厌看到他们的 Web 浏览器中总是同样的深蓝色(未访问的)和紫色(已访问)的链接。改变链接的默认颜色可使浏览者不再感到沉闷。

我们再回到上面烹饪学校的例子,考虑它的主题——新鲜和健康的食物,这就决定了在开发颜色方案时应首选的几种颜色:绿色——健康、自然、没有污染;橘黄色和红色——能激起人们食欲,且这两种颜色与绿色不冲突。因此可设置以下颜色组合方案:来访问的链接为绿色,已访问的链接为橘黄色,活动链接为红色。这种颜色方案能吸引饥饿的冲浪者,刺激他们的食欲。从这个例子中我们也能看到,颜色方案的确定不过是实现 Web 站点主题的继续。

2.新闻稿档案和链接的设计方法

建立新闻稿档案,首先编写并设置可单击的新闻标题,这些标题都链接到完整的文本。这些标题的编写要能足够清楚地描述新闻的要点,以便用户能确切地知道他们点中的是什么。编写一个简短(不超过 10 或者 12 个单词)但表述性强的新标题,包括以下要素。

(1)新闻稿的日期。日期位于标题开头。

(2)动词。应该用一个单词说明产品、服务或企业发生了什么。

(3)涉及的产品企业。

(4)招引语。一具简短的招引语激起冲浪者的兴趣。

为使实际的新闻稿真正有用并被媒体使用,应提供尽可能多的链接,新闻稿本身是信息的综合,提供链接则能引导客户或媒体进一步了解企业产品及服务。

在建立链接时,建议如下。

(1)将稿件中出现的关键人名链接到他们的 E-mail 地址或他的 Web 页面上。

(2)考虑链接到稿件中提到的任何企业合伙人。

(3)试着给新闻稿文本加入尽可能多的链接。如果把链接当作一种给某个静态页面增加一点互动性的精巧且有用的方式就容易多了。

(4)增加链接可以给新闻稿和页面建立深度,这是打印页面不可能做到的。

(5)在新闻稿的底部公关联系人名字下面,加入到附加资源材料的链接,记者们可在他们写作的过程中加以利用。

3. 参考页面的设计

创建酒店企业参考页面可以增强企业的深度,参考页面的创建实质上包括两个步骤:一是列出具有参考价值资源的表格;二是创建到这些关于某个主题的有组织的资源的链接。在创建参考资源列表之前,首先要做以下准备工作。

(1)确定参考资源的主题以便搜索。参考页面是通过增加用户感兴趣信息点的参考资源,从而达到提高本站点的访问频率的目的。确定这样的主题的第一个原则是它应能直接吸引客户群,并定位于某个特定的信息点;第二个原则是要保证这个信息点既是目标顾客群的兴趣焦点又与本站的主题直接相关。

(2)搜索网络上所选主题有关的资源集合,这步可以通过启动搜索引擎如 AhaVista 或 Infoseek 或打开 Usenet 的新闻组,看看是否有与自己主题相关的组。

在上述资源集合中,挑选出对本站点最适用的站点,对这些站点的内容写一些非常简短的描述,然后将参考站的 URL 和这些简短描述放在一起列表,这样有助于冲浪者的浏览。另外,还要创建到各资源站点的链接。在参考页面底部放入一个返回主页的链接,并欢迎人们提意见。这样参考页面就完成了。当然为了增加参考页面的风格,可以为它搜入一些图形等。

4. 产品与服务页面设计方法

产品与服务页面创建主要在于掌握产品服务目录的层次结构和寻航方法,产品服务目录、设计的思想和整个站点结构的思想是相一致的,都是由概括到详细的层次结构。这样,首先就要将信息分层,将它们放在不同详细程度的页面上,从而允许用户能够自上而下找到最适合于其需要的信息层。

5. 雇员(员工)页面设计方法

雇员(员工)页面是使网上企业人格化的重要方法,冲浪者可通过雇员页面的浏览而了解酒店的技术实力,由此而培养对企业的信心。

第三章　酒店人力资源管理

　　酒店是涉及人力资源在内的各项资源组合而成的竞争实体。如今市场竞争如此激烈，环境不断改变、对手在不断改变、自身资源也在不断消耗，这些都会对酒店的运行与发展产生影响。酒店能否保持竞争的优势，是酒店自身发展的前提与基础，而这又依赖于人力资源的开发与定位。因为酒店行业的竞争归根到底是服务力的竞争，而实质就是人才的竞争、员工能力的竞争，而这些都与人力资源管理有着紧密的关联。基于此，本章就来探讨酒店人力资源管理。

第一节　酒店人力资源管理概述

一、酒店人力资源管理的含义

　　酒店人力资源管理就是科学地运用现代管理学中的计划、组织、领导、控制等职能，对酒店的人力资源进行有效的开发和管理以及合理的使用，使其得到最优化的组合，并最大限度地挖掘人的潜在能力，充分调动人的积极性，使有限的人力资源发挥尽可能大的作用的一种全面管理。酒店人力资源管理是研究酒店人力资源管理活动规律的一门应用性和实践性很强的综合性科学。其最终目的在于使酒店员工与工作相互协调，充分发挥员工自身的最大潜力，切实提高工作效率，最终实现酒店与员工共同发展的目标。

二、酒店人力资源管理的组织架构

酒店根据自身条件的不同,在人力资源部组织结构的设置上也会有不同的设计,常见的形式有以下几种,如图 3-1、图 3-2 及图 3-3 所示。

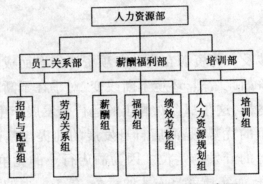

图 3-1　酒店人力资源部结构示意图一

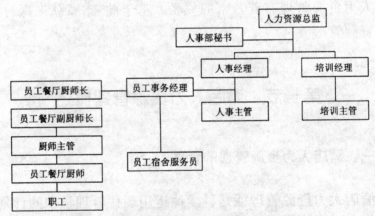

图 3-2　酒店人力资源部结构示意图二

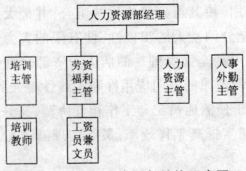

图 3-3　酒店人力资源部结构示意图三

三、酒店人力资源管理的地位

（一）策略参谋

酒店战略决策的参与者,提供基于战略的人力资源规划及系统的解决办法,因而酒店应将人力资源管理纳入酒店的战略与经营管理活动当中,使人力资源管理与酒店战略相结合。

（二）内部顾问

运用专业知识和技能研究开发酒店人力资源产品与服务,可为酒店人力资源问题的解决提供咨询,进而提高人力资源开发管理的有效性。

（三）员工服务

与员工沟通,及时了解员工需求,可为员工及时提供支持,从而提高员工满意度,增强员工的忠诚感。

第二节　酒店人力资源基本管理

一、基本管理内容

要实现现代化人力资源管理和人力资源管理人员专业化,酒店的每个管理人员就必须了解和掌握人力资源管理的理论、方法以及职能。酒店人力资源管理通常包括如下内容:

根据酒店的经营管理目标和酒店的组织结构制订酒店的人力资源计划。在制订酒店的人力资源计划时,着重解决两个问题:酒店需要多少人、需要什么样的人,即做好酒店人力资源的数量和质量的预测。

按照酒店人力资源计划以及酒店的内部和外部环境招聘酒店员工。酒店员工招聘除了在外部招聘以外,还可采用提升和调动工作的方法,以达到将最合适的人安排在相应的工作岗位上的目的。

经常性的不间断地对员工进行培训。为了使每个员工胜任其担任的工作,适应工作环境的变化,必须对员工进行经常性不间断的培训。由于员工所担任的工作层次不同,所以培训方式和内容也不一样。对在操作层工作的员工应进行职业培训,即注重工作技能方面的培养;而对担任管理工作的员工则应进行发展培训,即注重分析问题和解决问题能力的培养。

努力提升员工的工作积极性。员工的工作表现取决于两个基本因素:工作能力和努力程度。通过有效的培训,员工具备了做出成绩的能力,但还需要管理人员来调动他们的工作积极性。酒店的管理人员必须掌握调动员工工作积极性的理论和方法,培养"企业精神",增强酒店的凝聚力,激励员工做出出色的成绩。同时,还要分析酒店客观存在的工作不尽如人意的原因,研究预防和解决的方法。

掌握有效的领导方式。酒店的管理人员必须掌握有效的领导方式,而有效的领导方式的基础是搞好酒店内部的沟通。因此,管理人员必须熟练地运用沟通技巧,采用因人、因时的领导方式,才能达到有效的管理,发挥人力资源的最大效能。

合理有效的评估。成绩考评既是酒店人力资源管理效能的反馈,又是对员工成绩、贡献进行评估的方法。管理人员掌握正确的成绩考评方法,可以对员工的工作成绩做出正确的评估,并为提升、调职、培训、奖励提供依据。

二、基本管理步骤

(一)工作设计

工作设计是酒店组织结构设计的延续。酒店组织结构确定之后,按具体情况划分各个部门。在每个部门内还应包括各个工作岗位及具体的工作内容。工作设计还应包括制定一套关于每个工作岗位的任务、性质、条件和要求的标准,并以此标准来衡量职工的工作表现。具体地讲,有两项非常繁重、复杂却又非常重要的工作内容——工作岗位设计和职务分析及职务说明书的制定。岗位设计不仅仅指管理层的职位,还应包括操作层的每一个工作岗位。

工作分析的要素如下。

(1)什么职位。

(2)员工体力和脑力要求。

(3)工作将在什么时候完成。

(4)工作将在哪里完成。

(5)员工如何完成此项工作。

(6)为什么要完成此项工作。

(7)完成工作需要哪些条件。

(二)制订人力资源计划

酒店的人力资源计划与酒店整体的经营计划息息相关。只有在酒店确立了整体的经营管理目标和经营计划后,才能制订相应的酒店人力资源计划。酒店的人力资源计划从人力资源方面保证了酒店经营计划的实施,主要内容如下。

确定人力资源需求计划。通过对酒店工作的任务分析,确定酒店企业将来需要的人力资源的数量和素质等标准。制定人力资源计划首先应与酒店总体经营计划相匹配,因为任何企业对人力资源的需要,从根本上说,都是由企业未来发展目标和战略的需要而决定的。比如,开办一家新的酒店,或因经济衰退而缩小经营规模等,这些总体经营计划会对企业人力资源需求产生很大的影响。其次,人力资源需求计划应是对企业未来经营状况的一种反映。

结合人力资源现状分析,确订满足未来人力资源需要的行动方案,决定通过何种途径寻找合适的人来填补空缺的职位。增补、选拔员工或减员的行动方案,应针对不同类别的职务与人员恰当地制订,不能采取过于简单或强求统一的方法来处理。

（三）定员定编

在定员定编工作中,首先要确定各类人员在人员总数中所占比重即定员结构。因此,要对员工进行分类。可以按一线服务类和二线服务类来划分。一线服务类是指直接为客人提供服务的员工,如前台接待员、行李员、订房员、迎宾员、客房服务员、餐厅服务员等;二线服务类是指不直接与客人接触的员工,如工程维修人员、厨师、采购人员和办公室文员等。酒店要根据自身的情况,确定一线和二线人员的比例。

酒店在确定员工编制时有一个重要的参照标志,即客房数量。这是国际酒店业基本公认的定员标准。因为客房是酒店建筑物的主体,其营业收入能够占到酒店总收入的一半以上,客房的投资成本也最大,因此以客房数作为定员参照标志是合理的。目前,美国酒店的定员比例为 1：0.6,即拥有 100 间客房的酒店只需员工总数为 60 人。这一比例与美国劳动力成本高有直接的关系。根据我国的实际情况,我国酒店的定员比例可以为 1：1.5。当然,酒店的档次与类型不同,定员定编的比例也可有所不同。比如高档商务型酒店,人员配置比例就可定得高些;经济型酒店,人员配置比例就可定得低一些。

（四）人员招聘与选拔

酒店招聘员工本着用人所长、容人所短、追求业绩、鼓励进步的宗旨,以公开招聘、自愿报名、全面考核、择优录用为原则,从学识、品德、能力、经验、体格等方面对应聘者进行全面审核;同时,在招聘工作的管理上要强调计划性和效率性。

　　酒店招聘有广义与狭义之分。广义的招聘包括外部的招聘和内部的招聘,狭义的招聘仅指外部的招聘。这里所指的招聘是狭义的招聘,即指依法从社会上吸收劳动力、增加新员工或获取急需的管理人员、专业技术人员或其他人员的活动。酒店的业务与规模要扩大,酒店的经营与管理水平要提高,都需要从外部招聘一定数量和质量的人才,酒店必须确立正确的招聘指导思想,遵循科学的招聘程序,并综合运用有效的招聘方法。

　　1. 招聘程序

　　(1)准备筹划阶段

　　这一阶段主要包括确立招聘工作的指导思想,根据酒店经营的需要和社会上劳动力资源的状况,确定招工计划等。

　　①确立招聘指导思想。一是塑造形象的思想;二是投资决策的思想;三是市场导向的思想;四是遵纪守法的思想。

　　②人力资源需求预测。酒店人力资源需求预测,实际上就是酒店未来人员数量上和质量上的变化预测。一般而言,影响酒店人员需求变化的主要因素有:酒店规模的变化;酒店等级、档次的变化;酒店企业组织形式与组织结构的变革;酒店经营项目和产品结构的调整;酒店人员素质要求的变化;酒店人员流动状况;社会科学技术的进步。

　　③人力资源供给分析。酒店人力资源的供给情况,直接关系到酒店的招聘政策。要制订科学的员工招聘计划,做好员工招聘工作,首先必须对人力资源供给状况进行详尽分析,以便正确制定员工的招聘标准和政策。

　　④策划招聘方案。酒店在招聘的准备筹划阶段应认真思考以下问题:什么岗位需要招聘、选拔,招聘多少人员,每个岗位的任职资格是什么,运用什么渠道发布信息,采用什么样的招聘测试手段,招聘预算是多少,关键岗位的人选何时必须到位,招聘的具体议程如何安排。在此基础上,根据国家有关部门的政策、酒店短缺岗位的任职资格以及酒店人力资源市场的供求情况,确定

招聘区域、范围和条件,确定相应的人事政策,并据此确定招聘简章。

（2）宣传报名阶段

发布招聘信息与受理报名,既是筹划工作的延续,又是考核录用的基础,起着承上启下的作用。这一阶段主要应抓两大环节:一是发布招聘简章,其目的在于使求职者获得招聘信息,并起到一定的宣传作用;二是接受应聘者报名,其目的是通过简单的目测、交谈与验证,确定其报名资格,并通过填写就职申请表,了解求职者的基本情况,为下一步的考核录用工作奠定基础。

（3）考核录用

考核录用阶段是招聘工作的关键,主要包括全面考核和择优录用两项工作。全面考核就是根据酒店的招聘条件,对求职者进行适应性考查。择优录用,就是把多种考核和测验结果组合起来,综合评定,严格挑选,确定录用者名单,并初步拟定工作分配去向。

（4）招聘评估

招聘评估是酒店员工选拔、招聘过程中不可缺少的一个环节,必须结合酒店情况进行动态跟踪评估。如果录用人员不符合酒店岗位的要求,那么不仅在招聘过程中所花的财力、精力与时间都浪费了,而且还会直接影响到相关岗位与部门的工作成效。

2. 招聘途径

（1）借助外力

人员招聘,特别是高层管理者、重要的中层岗位与尖端的技术人员的招聘,是一项专业性和竞争性非常强的工作。有时,酒店利用自身的力量往往难以获得合适的人才。对此,酒店可以委托专业搜寻、网罗人才的猎头公司,凭借其人才情报网络与专业的眼光和方法以及特有的"挖人"技巧,去猎取酒店所需的理想人才。当然,酒店也可以采用人员推荐的方法,即通过熟悉的人或关系单位的主管引荐合适的人选。

（2）借助网络

21世纪是网络经济的时代,互联网以特有的方式改变人类的思维与观念。网络招聘日益成为招聘的主渠道之一,因为网上招聘具有费用低、覆盖面广、周期长、联系便捷等优点。酒店通过网络招聘人才,既可以通过商业性职业网站,也可以在自己公司的主页上发布招聘信息。

（3）借助会议

随着我国以市场为基础的人力资源开发及就业体制的建立与完善、人才市场的逐步形成与规范,各种人才见面会、交易会等也相继增多。酒店应抓住这种时机,广为宣传,塑造形象,网罗人才。

（4）借助"外脑"

现代社会知识爆炸,科技突飞猛进,经营环境千变万化,酒店要想自己拥有和培养各类人才既不经济,又不现实。酒店可以采取借助"外脑"的途径,其方法主要有:聘请"独立董事",以保证决策的客观性和科学性;聘请顾问,参与企业的重大决策和有关部门的专项活动;委托专业公司经营管理或进行咨询与策划,以减少风险。

（5）借助培训

为了提高自身的素质,越来越多的酒店中、高层管理者积极参加各种外部培训班,以更新自己的知识结构、拓展人际关系网与发现新的发展机会。在培训期间,酒店管理者会接触到各种各样的人才,有些人才可能正是酒店急需引进的。因此,酒店管理者应利用外部培训机会,有意识地物色所需的紧缺人才,并借助同学情谊与自身魅力等吸引优秀人才加盟。

3. 招聘技术

（1）笔试技术

笔试,是指在控制的条件下,应试者按照试卷要求,用记录的方式回答的一种考试。这种考试一般在以下几种情况下使用:一是应聘人员过多,需要用笔试先淘汰一部分人员;二是招聘岗位需要特定的专业知识与能力,而学历和职称难以考量其是否具有必要的应知和应会;三是需要测试其智商等要素。

（2）面试技术

面试是一种评价者与被评价者双方面对面的观察、交流的互动可控的测评形式,是评价者通过双向沟通形式来了解面试对象的素质状况、能力特征以及应聘动机的一种人员考试技术。面试是一项较为复杂的工作,酒店招聘应在正式面试之前做好面试的各项组织和准备工作,主要包括选择面试场所、选择面试方式、确定面试的内容和步骤三个方面。

（3）测试技术

招聘录用过程中使用的测验类型有很多,大致可以归纳为操作与身体技能测试、心理测试、模拟测试几类。

4. 初选、考试与评估

（1）初选

应聘者往往人数很多,人力资源管理部门不可能对每一个人进行详细的研究和考查,否则花费太高。这时,需要进行初步的筛选,即初选的过程。内部候选人的初选比较容易,可以根据酒店以往的人事考评记录进行。对外部应聘者则需通过初步面试、交谈、填写表格和提交应聘材料的方式,尽可能多地了解他们的情况,观察他们的兴趣、观点、见解、创造性和性格特征,淘汰那些不能达到这些基本要求的人。在初选的基础上,对余下的数量相对有限的应聘者进行考试和评估。

（2）考试与评估

考试的方式和考试过程的设计必须尽可能地反映应聘者的技术才能、与人合作的才能、分析的才能和设计的才能。

5. 挑选与任用

经过测试合格的候选人通常还要接受体格检查,这对于酒店员工来说是非常重要的,某些疾病(如传染疾病)可能不适合酒店工作。所有测试和检查都合格的候选人原则上可以作为挑选和录用的对象。挑选工作包括核实候选人材料、比较测试结果、听取各方意见、同意聘用、发放录用通知等步骤。任用就是将核实的被聘者安置到合适的岗位上。挑选合格的员工进入酒店后,首先要接受上岗教育。上岗教育包括企业的历史、产品和服务介绍、规章制度、组织机构、福利待遇等具体内容,也包括企业的价值观、经营理念、英雄模范、应具有的工作态度等企业文化方面的教育。岗前培训同时也是新员工适应企业环境的过程。工作的轮训是一个不可缺少的内容,它不但能拓宽新员工的技能和工作经验,而且有助于培养他们的合作精神和对不同岗位同事的理解。

经过一段时间的上岗培训,新员工才能真正成为企业的一员。这时,人力资源部门可以综合该员工申请的职位、培训期的表现和他个人的能力倾向,将他安排在合适的职位上。

第三节　酒店人力资源发展管理及创新

一、酒店人力资源队伍的现状

随着酒店业产业规模的不断扩大,酒店一线服务人员的需求在急剧上升,但旅游人力资源市场在萎缩。20 世纪 80 年代,国家为尽快培养出一大批能直接到酒店工作的人才,在教育政策上倾向于发展中等职业教育,直接为大酒店输送劳动力。20 世纪80 年代后期和 90 年代初,由于酒店投资建设过度,酒店从供不应求变为供大于求,人力资源市场也随之发生变化。20 世纪 90年代末以来,由于很多外企公司和高新技术企业的行业优势远远超过酒店,酒店的经济待遇无力与其他行业相媲美,国家又不断扩大高等教育招生,人们进入酒店就业的愿望在减弱。在经济发展和教育体制改革的双重压力下,一方面,经济发展推动了酒店业的市场需求扩大,需要更多的劳动力;另一方面,酒店业经营的微利时代制约了酒店员工待遇的提高。在生源萎缩的夹击下，酒店人力资源供给远远不能满足酒店业高速发展的需求。

二、酒店人力资源发展的创新方式

（一）员工培训

培训是酒店人事管理的重要内容，是人力资源开发的重要手段。职工培训对于人力资源开发有着极为重要的作用，是酒店人力资源管理的一项重要功能。酒店优质服务需要有良好的工作态度和训练有素的服务人员，高效的管理需要具有管理才能的管理人员。无论是合格的服务人员还是管理人员都离不开培训。培训是现代酒店管理过程中必不可少的工作。

不管新老员工，一进酒店都需接受培训。新员工需要入职培训，酒店的老员工在不同的阶段也同样需要不同类型的培训，方可保持与时俱进。以酒店前台工作为例，在 20 世纪 80 年代以前，几乎所有的酒店都采用手工操作来办理入住和结账手续，而当今酒店一般都采用了电脑技术，从而极大地简化了酒店的入住登记和结账离店手续。可见科技的迅猛发展使老员工面临知识和技能老化的新问题。此外，当今酒店业竞争加剧，客人需求越来越高，加上酒店产品中人对人的服务成分很大，员工素质的高低直接影响其对客服务质量的好坏。因而，狠抓员工培训，就成为各酒店促进服务质量和提升竞争优势的基本手段。

从系统的角度来看，培训可以划分为四个不同的阶段：培训需求分析、培训项目的设计、培训项目的实施和培训效果评估。如此不断地循环往复，逐渐实现酒店组织的既定培训目标。

1. 培训需求分析

专家指出，可从组织需求分析、工作需求分析和个体需求分析这三个方面着手进行培训需求的分析。

（1）组织需求分析。该分析指的是组织在确立其培训重点之前,必须首先对整个组织所处的环境、制定的战略目标以及组织所拥有的资源状况进行一次全面的了解和分析。例如,美国"9·11"恐怖袭击事件发生之后,美国酒店业迫切感到了在安全培训方面的需求。又如,在酒店餐饮流程的改造中,如果只是强调后台厨师研制新菜品的工作,而不对酒店营销人员和餐饮前台人员进行促销培训,菜品翻新的培训计划就很难达到预期的效果。

（2）工作需求分析。工作需求分析是通过工作分析来确定一项具体的工作或职位由哪些任务组成,完成这些任务需要什么技能以及完成到什么程度就是理想的或者说是合乎标准的。工作需求分析是培训需求分析中最烦琐的一部分,但只有对工作进行精确的分析并以此为依据,才能编制出真正符合企业绩效和特殊工作环境的培训需求和培训课程。

（3）个体需求分析。把潜在的参加培训的人员个体所拥有的知识、技能和态度,与工作说明书上的相应条款的标准进行对比,不难发现谁需要培训以及他/她具体需要在哪一方面进行培训的问题。换句话说,个体需求分析是要找出个体在完成工作任务中的实际表现与理想表现之间的差距。

2. 培训项目的设计

一旦培训需求确立之后,下一步要考虑的问题便是如何通过精心的培训设计去达到培训所要达到的目标。专家指出,一项精细的培训设计需要将以下四个方面的问题纳入通盘的考虑。

其一,在目标的确立阶段,培训设计者应当尽量将目标具体化、明确化以及可衡量化。例如,"提高员工的满意度"之类的培训目标是很难成功的,因为员工的满意度是一个很难量化的指标,即使通过量化的手段测出了满意度指数,那么酒店方面所投入的时间和精力成本难免会过高;而"减少员工的流失率"就是一个较为具体并且比较容易获得的一个数据。

其二,培训效果的好坏往往在设计阶段就埋下了伏笔。在培训开始之前,非常有必要对员工的实际情况进行摸底,并且找出他们的工作绩效与组织所期望的绩效之间的差距。这样会激发员工参加培训的欲望。反之,如果一个员工在培训开始之前没有做好思想准备,那么再好的培训对他/她来说,都只不过是走过场而已。

其三,培训设计应当考虑培训或学习的原则。酒店在做培训设计时,应当尽量考虑大多数学员的实际水平和吸收新知识与技能的能力。例如,针对酒店员工大多数都是成年人的特点,培训师应当在培训中多采用重复和强化的手段,帮助成人记忆所要掌握的具体内容;针对酒店大多数员工文化素质偏低的特点,培训内容应当尽量保持形象和直观的原则;为了方便员工在训练后的工作中最大限度地运用培训所学,酒店培训应当尽量保持这样一个原则:培训内容和方式尽量与真实的工作情形保持尽可能强的相似性。实践表明,成人学习有以下定律:偏好自我学习的经验;学习速度和效率不一;学习是持续不断的过程;学习是在刺激感官中发生的;在实际操作中的学习效果最佳;传授—示范—实操是成人学习新技能的最佳方法。

其四,培训设计还应当考虑培训师的具体特点。毋庸置疑,培训师的素质如何将直接影响到学员的培训和学习效果。一个称职的培训师通常应当具备以下条件或特征:对授课内容和专业技术了如指掌;顾及大多数参训人员的学习能力;耐心倾听和解答学员提出的问题;具有幽默感;对讲授内容抱有兴趣;讲解透彻清晰;充满热情等。

3.培训项目的实施

一项培训是否达到预期的效果,在很大程度上取决于培训项目在前、中、后期的各项工作是否落实到位。很多经理们的培训计划做得很好,但却没有成功地实施培训。在培训项目的实施过程中,自然会遇到方方面面的问题和阻力。如在我国,大多数酒店培训项目都是在职培训,在培训时间的安排上经常会与业务接待时间或员工的休息时间或多或少地发生冲突。实践表明,如果没有各部门与培训项目有关人员的通力合作,再好的培训项目计划也难以得到顺利的实施。

在培训项目的实施阶段,恰当的培训方法的选择和运用是成功的关键因素之一。在实践中,针对酒店非管理人员的职业培训和针对管理人员的发展培训需求往往差别很大。因此,酒店有必要采用不同的方法对不同的群体进行有针对性的培训。

4. 培训效果评估

大量的事实证明,很多酒店尽管在培训方面投入了不少的人力、物力、财力和时间,但是培训效果却往往不尽如人意。培训效果评估是培训项目中最重要的一个环节,但是在实践中这个环节往往是最薄弱的,常常得不到重视。究其原因,往往是经理和主管们不十分了解应该如何评估培训效果。因此有必要介绍一下培训效果评估的理论及其方法。

(1)柯氏四段培训评估理论

在众多的培训评估理论中,柯氏四段评估理论的历史悠久并且最有名气。四段评估包括反应、学习效果、行为改善和结果。

反应。即受训者对培训的总体感受如何。经理们一般可以通过问卷调查法和访谈法,了解和征求学员们的意见和对培训项目本身包括培训师的评价。

学习效果。即受训者对培训内容的掌握程度。具体的评估办法可以视情况采用测验或演练观察等方法。如对比学员训前和训后对酒水知识的了解和掌握情况,则不难发现他/她的学习有没有效果。

行为改善。即受训者在工作岗位上运用培训所学后,他/她的工作行为和绩效发生了什么样的变化。例如,比较一下餐饮摆台人员训前和训后的工作效率以及他/她的对客服务态度变化情况,便可得知培训对其有没有起到作用。当然,在这部分评估中,要注意识别引起员工行为和工作绩效变化的真实原因,因为导致行为改善的因素不止培训一种。但是,要做到这一点是不容易的。

结果。培训的最高一个层次的评估是看培训给部门或组织究竟带来了什么样的影响和变化。这些变化是多方面的,酒店可从客房销售的 REV—PAR 值、宾客满意指数、员工满意指数以及投资回报率等的变化的角度,对培训效果进行深层次的评估。不难发现,这部分的评估可操作性不强。如前所述,就像很难区分是培训还是培训以外的因素导致员工绩效改变的道理一样,酒店在部门和组织层面上的绩效变化,很难断定是否是由培训因素所导致的。

应当指出的是,柯氏四段培训评估理论虽然在实践中得到了广泛的运用,但该理论本身存在局限性。如前所述,该理论尤其是它的第三和第四个层次的评估可操作性并不强,很难创建令人信服的可以量化的指标体系;很难区分个人行为改善和组织绩效改善的原因是由培训因素还是培训以外的因素导致的。不但如此,该理论可以说是站在培训的角度审视培训效果,而对于培训以外的因素如组织文化对培训效果的影响如何,却不得而知。

(2)霍氏培训评估理论

霍顿在总结了前人在培训评估理论方面存在的不足的情况下,创造性地提出了培训成果转化系统的理论,即员工在工作中运用培训所学知识时会受到一系列因素的影响。这些因素不但包括培训本身的因素,而且还包括受训者个人以及组织的环境氛围的影响。从效果来看,这些影响因素可能产生的是积极的或正面的影响,也有可能产生的是消极的或者是不好也不坏的影响。培训效果的好与坏是所有影响因素综合作用的结果。归结起来,培训影响因素可以细分为次要的影响因素(如员工的自我效能)和三个主要因素:环境影响、动机因素和转化所需的必要条件。为了使培训成果转化系统理论能在实践中加以运用,以便评估组织的培训转化系统的运行情况,霍顿等人还专门制作了一个可以具体评估培训的诊断测试工具——学习成果转化系统指标体系。

（二）工作绩效评估

1. 工作绩效评估概述

绩效是人们所做的同组织目标相关的、可以观测的、具有可评价要素的行为，这些行为对个人或组织具有积极的或消极的作用。绩效评估则是收集、分析、评价和传递有关某个人在其工作岗位上的工作行为表现和工作结果方面的信息情况的过程。

2. 绩效评估的方法

实践表明，不同的个人绩效评估目的，应该采用不同的评估方法。不恰当的评估及其运用会给个人和组织带来负面的效应。方法的选用往往对绩效评估结果的客观性和公正性造成直接的影响。总的说来，个人绩效评估可以分为三个大的类别：特征评估法、行为评估法和结果评估法。

（1）特征评估法

所谓特征评估，是指评估雇员在何种程度上拥有组织和所担任的职位所需要的重要特征（如独立性、创造性等）。特征评估法包括图表尺度评价法、叙述文章法、强制选择法和混合标准法。

（2）行为评估法

该方法从员工在工作中所表现出的具体行为的角度，对其工作绩效进行评估。具体包括关键事件评价法、行为锚定等级评价法、行为观察评价法等。

（3）结果评估法

结果评估法有诸多明显的优点，如很少有主观偏见、上下级均可以接受等。

有鉴于此，在酒店的具体实践中，结果评估法得到了广泛的运用。尽管如此，该评估法也不是没有局限性的。例如，在酒店销售人员的业绩评估中，同样一位销售人员有可能在两个不同的评估期内付出了相同的努力，但在结果上，这两个评估期的业绩好坏有可能悬殊很大。究其原因，很有可能是市场因素发生了变化。又如,在对经理个人业绩的评估中,以财务指标为导向的结果评估往往诱发经理们在工作中的短期行为。此外,不同的结果评估法会导致不同的工作价值观和行为倾向。所以,在酒店的实际工作中,适宜视情况采取不同的结果评估法。常见的结果评估法有劳动效率评估法、目标管理评估法和平衡积分卡评估法。这些方法除了被用来评估员工个人绩效之外,还常被用来评估部门或团体的工作绩效。以下以目标管理评估法为例,让大家对基于结果的评估法有一个初步的了解。

目标管理评估法是评估人员与被评估人员一起制订被评估人员在评估期内的具体目标,同时制订到达该目标的计划、步骤甚至方法等。在实施过程中,评估人员还需要阶段性地与被评估人员一起讨论目标的进展情况,并根据实际情况对目标加以适当的调整和修改。最后,在评估期结束时,根据目标完成情况对被评估人做出绩效评价。

3.评估面谈方法及注意事项

绩效评估的主要目的,一方面是帮助员工查找导致不理想绩效背后的原因,并以此来增加共识、减少误解和猜疑;另一方面是为员工绩效的改善和员工今后的职业发展方向提供积极的参考和建议。为此,有必要采用恰当的面谈方法并遵循绩效面谈的一些原则。

常见的绩效面谈方法有告知与诱导型、告知与倾听型以及问题解决型。在实施告知与诱导型面谈时,评估师或经理人员把评估结果告诉被评估人之后,应当着重向被评估人提供对症的良策,引导他/她改善或提高其工作绩效。在告知与倾听型面谈法的运用中,评估师或经理首先将考评结果客观地向被评估人反馈,当被告知不好的绩效评估结果时,被评估人员往往情绪比较激动,有经验的评估师在这个时候往往采用少说多听的办法,给员工申诉或宣泄的机会,尽量减少或缓解绩效评估中容易出现的矛盾和问题。问题解决型面谈法也要求评估师设身处地地为被评估人着想,仔细倾听员工的真实感受。但是问题解决型面谈法的主要目的是通过评估面谈从根本上解决被评估人工作绩效不佳的问题。例如,有的性格内向的员工,尽管他/她已经在工作中尽力了,但因其性格的原因很难在销售工作中打开局面。在这种情况下,适宜建议员工更换工作岗位,到与客人打交道较少的其他部门工作。不难看出这样的评估属于发展性评估,其宗旨在于帮助员工更好地了解和认识自己,并且在工作中找到适合自身发展的工作岗位。这样,员工的工作绩效提升的可能性便增大了,进而对组织的工作绩效也会产生积极的影响。需要说明的是,在实际工作中往往不能只单纯运用某一种方法,应当视情况对面谈方法加以灵活的运用。

为了达到面谈的目的,评估人员在与被评估人员的交谈中需要注意以下事项:谈话内容要客观而具体;不要绕弯子;少批评,多鼓励;鼓励员工多说话;聚焦问题的解决方案;确立新的评估目标;加强面谈后的后续工作。

4.绩效评估中的问题

理论和实践表明,绩效评估并非易事。有调查显示,有70%的雇员表示业绩评估并不能让他们清楚管理层对他们的期望是什么,只有10%的员工认为业绩评估是成功的。更多的员工觉得业绩评估反而让他们对工作的目标更模糊了。另有调查显示,51%的企业觉得现有的评估系统对企业没有价值或价值极小。为什么会出现这样的现象呢？ 一方面,是由于绩效评估本身的难度并非常人想象的那样,只是上级领导给下级打分而已;另一方面,在绩效考核中,一个微小的失误都有可能导致人力资源管理中明显的不良后果。

绩效评估出现这样或那样的问题在所难免,关键是如何避免可能出现的问题。为此,可以从以下三个方面着手,减少人力资源评估带来的偏差。

其一,对人力资源评估中容易出现的问题首先要有全面的了解,这是防患于未然的不可缺少的步骤之一。

其二,制作或选择恰当的绩效评估工具。众所周知,没有放之四海而皆准的评估工具或标准,唯有量身制作的经过实践反复验证的并且是适合评估目的和情形的工具,才能最大限度地保证评估的客观性和公正性。

其三,对评估人员在进行评估之前要进行专题培训,使他们在评估业务上精通,并且在思想上与组织所期望的境界尽量吻合。

当然,除此之外还有很多因素值得我们注意,如员工的参与度和领导的支持度等,都是人力资源评估工作取得预期效果的必要条件。

第四章　酒店前厅与客房管理

　　酒店的一线服务部门主要包括客房部、前厅部、餐饮部等直接给客人提供服务的部门。酒店前厅部是酒店经营管理工作中的中枢机构,保证酒店客房产品的最终销售工作得以顺利完成。酒店客房部主要负责给客人提供清洁、干净的客房,并负责整个酒店的清洁、保洁工作。这些工作部门的工作好坏将会直接影响到整个酒店对客人服务的质量,最终也会影响到酒店的经营业绩。本章就针对酒店前厅与客房管理展开研究与分析。

第一节　酒店前厅与客房概述

　　酒店的房务部一般由前厅部和客房部两部分组成,它们各自承担着重要的工作职责,下面分别予以介绍。

一、酒店前厅

　　前厅部(front office)设于酒店内宾客过往频繁的大厅,是代表整个酒店向客人提供客房销售、入住登记及账务处理等各项服务的部门。总服务台(也称前台,front desk)是前厅最显眼的部分,它执行着前厅的大多数功能,是宾客最初接触和最后接触的地方。总服务台与客人之间密切联系,既是宾客投诉处,也是咨询查询处,又是一切服务的协调中心,是宾客和酒店联系的纽带。
　　前厅部基本工作职能如下所述。
　　(1)销售客房。包括接受预订、接待临时散客、办理入住登记手续、分配客房。

（2）提供酒店服务信息。包括酒店内部设备设施情况、酒店外部活动及地点时间。

（3）提供礼宾服务。包括迎送、行李服务、邮件服务、问讯服务、商务服务等。

（4）协调宾客服务工作。包括联络前台及后台、处理宾客问题及投诉。

（5）控制房间状态(协调客房销售和房务状况)。包括已出租客房状况、清扫中的客房问题及状况、待修房状况。

（6）处理宾客账务。包括建立宾客账务、及时登记账目、监督宾客信用状况、记录宾客消费情况。

（7）结账。包括准备账单、核对账单、办理结账手续。

二、酒店客房

客房服务是酒店服务的重要组成部分,在很大程度上体现了酒店的服务水平和服务质量。从酒店员工与顾客接触多寡方面考虑,酒店各部门可被分为经营部门和职能部门,客房是酒店经营的一个主要部门,也是客人住店期间的主要活动场所。在向住店宾客所提供的服务中,客房服务也起着核心作用。同时,客房部还承担着为其他部门提供一系列服务的重任。因此,客房部成为酒店的最基本职能部门,在酒店的业务经营中占据重要地位,客房服务也在酒店的经营管理中发挥着不可忽视的重要作用。

（一）酒店客房的主要职能

1. 经营职能

（1）通过客房预订销售。

（2）通过前台接待销售。

（3）通过礼宾服务经营。

（4）通过客房服务经营。

2. 管理职能

（1）接待管理。

（2）房间状态管理。

（3）客账管理。

（4）信息管理。

（5）设施和设备管理。

（6）清洁管理。

3. 协调职能

（1）酒店的信息中心。

（2）酒店内部协调中心。

（3）酒店对外联系中心。

4. 服务职能

（1）预订服务。

（2）接待服务。

（3）礼宾服务。

（4）商务服务。

（5）收银服务。

（6）客房服务。

（7）清洁服务。

（8）洗衣服务。

（9）安全服务。

（二）酒店客房服务的特点

现代酒店客房服务内容广泛，与以往仅能满足客人基本生活需要的客栈、旅社、招待所相比，要求更多，服务内容也更广泛。总体来说，客房服务具有如下的特点。

1. 服务性

客房装饰华丽并配备各种设备用品是吸引客人前来消费的原因之一,酒店在客房装饰配备上花费巨大,但吸引客人最重要的原因还是酒店客房所提供的服务。如清扫客房、通信、客房洗衣、小酒吧、送餐等各项服务。酒店必须满足客人的这些需求,因此服务成为客房商品价值的重要组成部分。从客人入住到离店,从购买客房商品到消费结束,每一环节都离不开服务,在相当大的程度上,服务水平高低是客人选择酒店的重要依据之一。

2. 复杂性

客房部的工作范围广,涉及内容复杂,除了要保持客房的清洁安全外,还要对整个酒店的环境卫生、装饰绿化、设备保养、布件制服的洗涤保管及式样设计负责。客房部拥有的员工数量、管理的设备物质、开支的成本费用与酒店其他部门比较也都是高比例的,因此管理起来也相当复杂。即使看起来简简单单的清洁工作也并不简单。比如客房的卫生清洁,对于不同的物品擦拭的方法不尽相同,所用的清洁用品也不一样;对室内装修、物资采购提出有见地的方案更非易事。客房服务的对象各不相同,要使他们在其居留期间总保持满意的状态需要酒店付出很大的努力,所以做好客房服务工作绝不是件简单的事。

3. 随机性

"客人就是上帝",满足住店客人的需求是酒店的责任和义务,只要其要求正当合理,客房有条件满足的都应该满足。这样就给客房服务人员增添了计划外工作量和工作难度,给客房服务带来了不可预知性。这要求客房服务员工必须有强烈的责任心和服务意识,主动自觉地灵活服务,为客人排忧解难,"想客人之所想,做客人之所做"。这需要有广泛的知识面,包括心理学方面的知识,善于揣摩客人心理。同时要有独立判断、解决问题的勇气和能力。

4. 不易控制性

客房服务是无形的,其服务质量的好坏不能像其他商品可以用机械或物理的性能指标来衡量。来自不同国家和地区的不同类型的客人,由于所处的社会经济环境的不同,民族习俗的不同、个性和经历的不同、消费水平和结构的不同,对服务接待的要求也不尽相同。因此,客人对服务质量的感受往往带有较大的个人色彩。酒店客房提供的服务质量的好坏在一定程度上取决于客人各自的需要和自身的特点。再者,服务也不能像其他产品那样,做得不好可以返工,任何一个环节出了问题,对酒店所造成的损失,常常都是难以弥补的。这就要求客房服务要做到程序化、标准化。除此之外,提供的服务因人而异,除了提供标准的服务之外,更应提供个性化服务满足不同客人的需求。

5. 窗口示范性

有资料显示客人最为关心的就是酒店设施的清洁状况,尤其是客房的清洁状况。一间清洁大方、优雅舒适的客房,代表了整个酒店的档次、格调及其服务水平,具有窗口和示范作用。若再有合理的价格,客房将成为吸引游客再次光临酒店的重要因素。

第二节　酒店前厅管理及创新

酒店的前厅部是酒店接待客人的重要部门,是酒店直接对客服务的起点,是客人在店消费的联络中心和客人离店的终点。它的主要任务是负责销售酒店的主要产品——客房,联络和协调酒店各部门的对客服务,为客人提供前厅部的综合性服务。前厅部工作质量的高低,不仅直接影响到客房的出租率和酒店的经济效益,而且能反映出酒店的工作效率、服务质量和管理水平的高低。

一、酒店前厅部的组织结构与岗位职责

（一）酒店前厅部的组织结构

前厅部的组织结构,需要根据酒店等级的不同、规模的大小、业务量的多少、客源的特色而设置。一般酒店前厅部的组织结构应具备预订、接待、问讯、收银、行李、商务等服务功能,如图4-1所示。

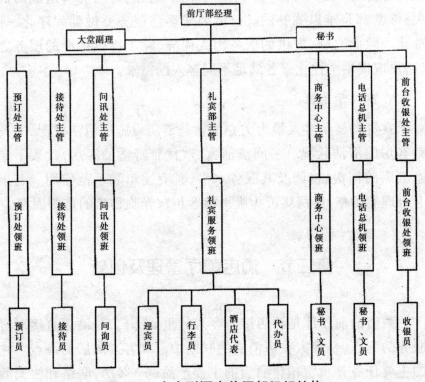

图4-1　大中型酒店前厅部组织结构

（二）酒店前厅部主要机构及岗位职责

预订处。预订处是酒店订房业务的部门,可以说是前厅部的"心脏",其人员由预订主管、领班与订房员组成。

接待处。接待处亦称开房处。它通常配备有主管、领班和接待员。其主要职能是：介绍、销售客房；接待入住客人，为客人办理入住手续，分配房间；掌握住客动态及信息资料，控制房间状态；制定客房营业日报表格等；与预订处、客房部等保持密切联系，及时掌握客房出租情况；协调对客系列服务工作。

问讯处。问讯处通常配有主管、领班和问讯员。

总机处。总机处通常由总机主管、领班与话务员组成。其主要职能是：转接电话；提供叫醒服务和"请勿打扰"（DND）电话服务；回答客人电话问讯；提供电话找人服务；接受电话预订及接待电话访客；接受电话投诉；播放背影音乐；在紧急情况下充当指挥中心。

商务处。商务处亦称商务中心。通常由商务主管、领班与秘书组成。其主要职能是：为客人提供打字、传真、复印、翻译、长途电话及互联网等商务服务；可充当秘书、管家及翻译；提供代办邮件和特快专递服务；为客人提供特殊服务。

礼宾处。礼宾处也有人称作"金钥匙"，它通常由大厅服务主管、领班、迎宾员、行李员、委托代办员等组成。其主要职能是：在门厅或机场、车站迎送宾客；雨伞的寄存和出租；引领客人进客房，并向客人介绍服务项目、服务特色等；分送客用报纸、信件和留言；提供行李、出租和泊车服务；负责酒店大门内外的安全和秩序；负责客人其他委托代办事项。

收银处。收银处亦称结账处，通常由领班、收银员及外币兑换员组成。因其业务性质，收银处一般隶属于酒店的财务部，由财务部直接管辖。但由于收银处位于前台，与接待处、问讯处共同构成总服务台，直接为客人提供服务，因此前厅部也对其实施管理和考核。收银处的主要职能是：受理入住酒店客人住房预付金；提供外币兑换服务及零钱兑换服务；同酒店各营业部门的收款员联系，催收、审核账单；建立客人账卡，管理住店客人的账目；夜间审核酒店营业收入及各种账目；制作营业和销售报表；负责应收账款的转账；办理离店客人结账手续等事宜。

二、酒店前厅部的主要运营管理业务

（一）酒店前厅部的主要职能

酒店前厅部的工作职能具体表现在以下几个方面。
（1）立足客房销售。
（2）掌握正确房态。
（3）协调对客服务。
（4）提供各类对客服务。
（5）提供客账管理。

（二）酒店前厅部的日常运营管理业务

1. 前厅客房预订业务

客房预订是推销客房产品的重要手段之一。目前,随着旅游业的发展和酒店业的激烈竞争,订房已不仅是客人为了使住宿有保证而进行的单方面联系客房的活动,还包括酒店为了争取客源、保证经济效益的实现而进行的主动式推销,是双向的行为。随着客源市场竞争的加剧,主动式推销客房越来越引起酒店管理人员的重视,订房已成为酒店重要的推销工作。

（1）客房预订的种类,一般有以下几种形式。

①保证类预订。保证类预订使酒店与未来的住客之间有了更为牢靠的关系。通过信用卡、预付订金、订立合同三种方法来保证酒店和客人双方的利益,但使用时要注意其效果。一是信用卡,客人使用信用卡,收银人员要注意信用查询,防止出现恶意透支的现象。二是预付订金,这是酒店最欢迎的,特别是在旺季,一般由酒店和客人双方商定,订金可以是一天的,也可以是整个住宿期间的。三是订立合同,指酒店与有关单位签订的供房合同,但应注意合同履行的方法、主要签单人及对方的信用,注意防止呆账的发生,明确规定最高挂账限额和双方的违约责任。

②确认类预订。客人向酒店提出订房要求时,酒店根据具体情况,以口头或书面的形式表示接受客人的预订要求。一般不要求客人预付订金,但客人必须在规定的时间内到达酒店。否则,在用房紧张的情况下,酒店可将客房出租给未经预订而直接抵店的客人,酒店可不保证提供房间。

③等待类订房。酒店在订房已满的情况下,为了防止由于客人未到或提前离店而给酒店带来的经济损失,仍然接受一定数量的客人订房。但对这类订房客人,酒店不确认订房,只是通知客人,在其他订房客人取消预订或有客人提前离店的情况下可优先予以安排。

④超额预订。在用房旺季时,酒店为防止因订房客人未到或住店客人提前离店而造成客房闲置现象的发生,适当增加订房数量,以弥补酒店经济损失。但超额预订会因为客人的全部到达而出现无法供房的现象,并可能造成酒店的经济损失和损坏酒店的形象。

（2）客房预订业务的程序通常由以下阶段构成。

①受理预订。接到客人的订房要求时,预订人员将客人的订房要求填写在统一规格的订房单内,以明确酒店接受预订的各种信息,如客人姓名、联系方式、抵店时间、需要房间的类别与数量等。

②接受或婉拒预订。酒店根据客人的需求与本酒店的具体情况,确定能否满足客人的预订需求。能满足客人的预订需求时,则接受预订;否则,可婉言拒绝。

③确认预订。酒店接受了客人的预订后应及时给客人发出预订确认书。确认书中应复述客人的订房要求,申明酒店对客人订房变更及取消预订的有关规定,向确认预订的客人申明抵店的时间;对保证类客人申明收取订金及取消预订的有关规定。

④记录、储存订房资料。预订人员将客人的订房资料分类整理,按客人的抵店时间顺序排列存放。

⑤预订的变更、取消及客人抵店前的准备。如果已确认的预

订客人要求变更或取消预订,预订人员应及时办理手续,填写订房变更与预订取消单,以防出现差错影响客房出租。客人抵店前,预订人员应及时将有关资料转交总台接待人员。

2. 前厅入住接待业务管理

客房预订并没有完成客房产品的最终销售,它只是增加了提高客房出租率的可能性,接待服务和分房管理才是最终完成客房产品销售的程序。分房管理是直接出售客房产品,是一种艺术,分房工作管理得好,就能将高价客房或闲置客房售出,从而减少闲置,增加销售量。

前厅主要的接待业务工作如下。

(1)按有关规定做好入住登记工作。入住登记的过程是客人与酒店第一次面对面接触的过程。对于酒店总台来说,入住登记手续是对客服务的第一个关键阶段,这一阶段的工作效果将直接影响到前厅部客房产品的销售。提供信息、协调对客服务、与客人建立正式合法的租住关系,是办理入住登记手续的目的。

(2)客房状况的实时控制。在前厅部的业务运转中,客房状况的实时控制是一项重要内容。客房状况的实时控制是确保客房状况准确的有效手段,它往往是前厅部业务运转的一个核心。酒店的客房状况及其变化应当引起管理者的高度重视。在客房状况的实时控制过程中,客房状况信息的及时传递、有效信息的及时沟通是十分重要的。客房状况的变化取决于客人的住宿活动。客人住宿登记后,其对应的客房状况就由原来的空房或待租状况变为住客房;客人结账后客房状况变为走客房,然后变为空房,客房状况就是这样不停地随着客人住宿活动的变化而变化。

3. 前厅日常服务管理

(1)迎送服务管理。迎送工作是酒店显示档次与服务质量的关键。客人抵达或离店时,迎宾员应主动相迎,热情服务,将车辆引领到合适的地方,并主动帮助行李员清点客人的行李,以免出现差错。迎宾员还负责维持大厅门前的秩序,指挥、引导、疏散车辆,保证酒店门前的交通畅通无阻。

（2）问讯、邮件服务管理。客人有了疑难问题,会向酒店有关人员询问,酒店有责任与义务帮助客人排忧解难。酒店应对问讯处的工作人员进行相关知识的培训,而问讯员除必须有较广的知识面以外,还需要掌握大量最新的信息和书面材料,以保证在工作中能给客人以准确而满意的答复。

（3）行李服务管理。行李服务是由行李员负责提供的。行李服务中需要注意的问题是:运送的行李需要得到客人的确认,以防止行李出现差错而给客人的行程带来不必要的麻烦;团队行李的交接过程中,应注意行李的检查验收,并办理必要的手续,防止行李的损坏和财物的丢失;多个团队的行李应采取必要的方法加以区分,防止出现混乱错失现象。

（4）电话总机服务管理。电话总机是酒店内外信息沟通、联络的通信枢纽,绝大多数客人对酒店的第一印象是在与话务员的第一次声音接触中产生的。话务员热情、礼貌、耐心、快捷和高效的对客服务,在客人与酒店之间起到了桥梁作用。电话总机服务包括接转电话、问询服务、叫醒服务和联络服务四个方面的内容。

（5）客人投诉管理。投诉是客人对酒店服务工作不满而提出的意见。一般酒店前厅部设有大堂副理来接受和处理客人的投诉。通过客人的投诉,酒店可以及时了解工作中存在的问题,有利于酒店不断改进和提高服务质量和管理水平。正确处理客人投诉,可以加深酒店与客人之间的相互了解,处理好酒店与客人之间的关系,改变客人对酒店工作的不良印象。圆满处理客人投诉,可以树立酒店良好的声誉,让客人对酒店的不满降到最低限度。酒店大堂副理应掌握接待处理客人投诉的方法、原则和技巧。

（6）商务中心服务管理。为满足客人日益增长的商务需要,酒店通过商务中心向客人提供打字、复印、传真、秘书、翻译、代办邮件、会议室出租、文件整理和装订服务。酒店商务中心除应拥有计算机、复印机、传真机、装订机、有关商务刊物和报纸、办公用品和其他必要的设备外,还要配备有一定专业知识和经验的工作人员,以提供高水平、高效率的对客服务。

（7）其他服务管理。为方便客人,满足客人多方面的需要,酒店前厅还向客人提供旅游代办、机(车、船)票预订、出租汽车预约、收发邮件等服务。这些服务可以由旅行社、出租汽车公司、邮电局等专业部门在酒店设置专业机构办理,也可以由酒店代理进行。

4. 前厅客账业务管理

（1）客账记录。客账记录是前厅收银处的一项日常业务工作。为了避免工作中的差错和发生逃账漏账的情况,前厅收银处的客账记录必须有一套完备的制度来保证,并依靠各业务部门的配合及财务部的审核监督。客账记录的方法和要求主要是:

①账户清楚。接待处给每位登记入宿的顾客设立一个账户,供收银处登录该顾客在酒店居住期内的房租及其他各项花费(已用现金结算的费用除外)。该账户是编制各类营业报表的情况来源之一,也是顾客离店时结算的依据。通常,酒店为零散顾客建立个人账户,团体顾客建立团体账户。

②转账迅速。顾客在酒店停留时间短,费用项目多,每一位顾客一系列的消费都在几天甚至几小时内发生,这就要求转账迅速。各业务部门必须按规定时间将顾客账单送到前厅收银处,防止跑账、漏账、错账发生,保证准时结账,准确无误。如采用计算机收银系统,只要收银员将账单输入收银机,前厅计算机就同时记下了顾客当时的应付款项,这样能避免漏账,大大提高工作效率。

③记账准确。前厅为顾客建立客账后,即开始记录顾客住店期间的一切费用。顾客的房租采取依日累计的方法,每天结算一次,在顾客离店时加上当日应付租金,即为顾客应付的全部房租,一目了然。其他各项费用,如饮食、洗衣、长途电话、电报电传、理发、书报、租车等项目,除顾客愿意在发生时以现金结算外,其他均可由顾客签字认可后,由各有关部门将其转入前厅收银处,记

入顾客的账卡。这就要求记账准确,顾客姓名、房号、费用项目和金额、消费时间等必须清楚,和户头账户保持一致。

（2）顾客结账。现代酒店一般采用一次结账的收款方式,指顾客在酒店花费的全部费用在离店时一次结清。这样,既能给顾客带来方便,又能够给顾客留下服务态度好、工作效率高的良好印象。

三、酒店前厅管理智能化分析

智慧酒店所要求的前厅员工不但要能够胜任智慧酒店现在的需求,定要能够胜任一些未来的变化,也就是说,我们在培养前厅部员工的时候要考虑到今后智慧酒店的发展变化,要能够了解酒店的发展趋势,这样才能培养出适应智慧酒店未来发展的人才。

（一）合理设置岗位,加强能力培养

智慧酒店的出现对前厅服务人员的要求带来了变化,很多新的岗位出现了,一些旧的岗位被取代了,这就对智慧酒店的人才培养提出了更高的要求。我们要根据前厅部新的岗位以及岗位职责来确定人才培养方案,要注重员工实践能力的塑造,在高校的酒店管理专业要引入智慧酒店的概念,高校、培训机构与智慧酒店本身携手,共同培养符合新的岗位需求的智能型人才。

（二）科学设置培训内容

培训内容的设置直接关乎培训的质量。首先,培训的内容要结合当今智慧酒店的发展现状,并且结合未来酒店的发展趋势,对员工或者准员工来进行一些先进理论的培训;其次,我们要提高员工的信息技术技能,为他们以后操作智能设备打下基础;最后我们要培养员工的沟通能力和语言能力,因为在智慧酒店当中员工的工作重点已经从原来的对客服务转向了对客关系的管理。

第三节　酒店客房管理及创新

　　客房部的正常运转依赖于合理的组织机构,酒店业务范围不同组织机构设置也不尽相同,在个组织结构中业务分工和员工的岗位职责也各有不同。

一、酒店客房的日常服务

（一）客房常规服务

　　"客人就是上帝",使客人满意是酒店的唯一宗旨。酒店的顾客各不相同,但对于酒店客房产品有共性的需求,比如说要求客房干净卫生。这就要求客房提供一些常规性的服务满足住店客人的共性需求。

　　1.客房清洁服务

　　客房是酒店客人主要活动的场所,保持客房清洁卫生是酒店的职责,也是客房部必须提供的服务之一。客房服务员必须及时整理房间卫生,使客人时刻感觉到酒店服务的到位。美国康奈尔大学酒店管理学院的学生曾花了一年的时间,调查了三万名顾客,其中60%的人把清洁、整齐作为酒店服务的"第一要求"。因此,搞好客房的清洁整理,保证客房清洁卫生、舒适典雅、用品齐全是客房部的一项重要任务。

　　2.客房小酒吧服务

　　客房一般提供小酒吧服务满足住店客人在房间享用酒水饮料的需求。一般配冰箱与酒水台,高档客房配迷你吧台,存放一定数量的软硬饮料和干果,如烈性酒、啤酒、果汁、汽水等,供客人自行取用。按规定,软饮料要不少于5~8种,硬饮料不少于3~5种。还要配备酒杯、杯垫、调酒棒、纸巾等用品。服务员为入住客人介绍客房设备与服务项目时同时准确推销客房酒水。客房酒单设计应美观大方,上面注明各项饮料食品的储存数量和单价,请客人自行填写耗用数量并签名。服务员每天上午清点冰箱内饮料食品的耗用量,与收费单核对。如客人未填写,则由服务员代填。客人住店期间,服务员及时到楼层领取补充酒水、饮料。

3. 送餐服务

某些客人由于生活习惯或特殊要求,如起早、患病、会客等,要求在客房用餐并额外支付送餐费用。现在中高档酒店按规定必须实行这项服务,多由餐饮部的客房餐饮服务部专司其职。低档酒店在客人提出要求时也应当尽力满足之,可由客房服务员兼管。

客房用餐分为早餐、午餐、晚餐、点心等。客人在房内用餐可以通过电话预订,也可直接由客房服务员带来订餐。酒店在客房中一般都提供早餐牌或客房用餐点菜单。对于早餐,客人可于前一天晚上在客房备有的早餐牌上选好食物种类,注明用餐时间,然后将其挂在房门把手上,由服务员定时收集,代向餐饮部订餐员订餐。

送餐由餐饮部送餐员或客房部餐饮部服务员直接送进客房。根据客人用餐多少,可以用托盘或送餐车送上。送餐车必须有保温装置,防止送到时饭菜温度不够影响质量。无专门送餐员的酒店可由餐厅服务员送到楼面,再由客房服务员送进房间。

4. 送洗客衣服务

(1)服务内容

洗衣服务可分为水洗、干洗、熨烫三种。时间上分正常洗和快洗两种。正常洗多为上午交洗,晚上送回;如下午交洗,次日送回。快洗不超过 4 小时便可送回,但要收 50% 的加急费。没有洗衣房的酒店往往要次日送回。送洗客衣工作由楼面台班服务员承担。

（2）服务方法

酒店客房一般都有洗衣袋和洗衣单，客人将要洗的衣物和填好的洗衣单放进洗衣袋，留在床上或挂在门把手上。也有客人嫌麻烦请服务员代填，但要由客人过目签名。客房服务员要时刻关注客房状态，一旦发现有要洗送的衣物应立即送往洗衣房。洗衣单一式三联，一联留在楼面，另两联随衣物送到洗衣房。按照酒店规定服务员应在上午某一规定时间之前（一般为 9 或 10 点）巡查一下可能有洗衣的房间，及时收出。为了防止洗涤和递送过程中出差错，有的酒店规定，客人未填洗衣单的不予送洗，并在洗衣单上醒目注明。

送回洗衣也有不同方式。可由洗衣房收发员送进客房，或客房服务员送入客房。洗衣房送回客衣时，应按洗衣单逐件进行清点，检查洗涤质量，查看衣物有无破损、缩水、褪色等。不能折叠的衣物需用衣架挂放。送客衣进房间，请客人检查验收，清点完毕后向客人道别。如客人不在房间，应按程序进门，把衣物摆放在床上或挂于衣橱内。送洗客衣是一件十分细致的工作。按国际惯例，由于酒店方面原因造成衣物缺损，赔偿金额一般以洗涤费用的 10 倍为限。所以要求经手员工认真负责，不能出一点差错，否则会招致投诉，给酒店造成经济损失和名誉影响。

5. 会议服务

目前会议旅行客人很多。大型酒店配备了国际会议中心、展览厅、会议厅等设施，中小型酒店也设有大小不等的会议室，以适应各种类型会议的需要。会议旅行客人一般身份地位较高，多属高级知识分子、政府官员、各有关机构的代表等，因此会议服务要讲究规格质量。客房服务员承担的会议服务，是指客人在楼层的一些客厅里举行某项活动或仪式时所采取的服务方法。主要是小型会议以及会谈、会见、签字仪式等。

6. 访客接待服务

楼层服务员对来访客人的接待，应该像对待住客一样热情礼貌。在征得住客同意后,引领来访者进房间。

7. 擦鞋服务

客房内通常备有擦鞋纸、擦鞋巾,以方便客人擦鞋。酒店也可代客擦鞋。

（二）客房特殊服务

客房的特殊服务,也可称之为个性化服务,主要是针对常规服务所说的。不管是常规服务或是特殊服务都是为了满足客人的需求而设立的。在顾客需求不断变化和发展的现今,做好个性化需求,特殊需求更能显现出酒店的服务质量。一般来说,等级越高的酒店,特殊服务可以称为酒店的常规服务,在等级越低的酒店,有些常规服务也变成了特殊服务。在这里,主要简述以下酒店客房的特殊服务。

1. 换房服务

在客人住店过程中,可能因为各种原因提出换房服务。若是客人要求换房,应弄清客人换房的原因,问清客人需要什么类型的房间。住店期间通常酒店不会要求客人换房,如果出现了这种情况,酒店应向客人做好解释工作。向客人详细介绍准备调换的客房情况,与客人确定换房的具体时间。如果换房过程中客人改变了客房类型,通知行李员带客人到新的客房,帮助客人提拿行李并派发换房通知单给有关部门。接待员应更正客房状况控制架上(或电脑中)的房态记录,更改问讯架(或电脑中)客人的房号记录。

2. 加床服务

酒店通常规定 12 岁以下的儿童与父母同居一室,可在房内为儿童免费提供一张小床,但不可把沙发椅当做床。如 3 个成年人同居一室(通常是在旺季客房不够时允许这样)要加床。当 3 个成年客人同住一间双人房时,第三位客人要做加床处理并收取加床费。一间房内一般不允许加两张床,因为这样既会给打扫卫生带来不便,也会降低酒店收入,影响酒店声誉。如需要加床应在客人通知单上注明"加床"字样,同时在欢迎卡(钥匙卡)上注明该客人为加床客人。通知客房中心或楼层服务员为客人加床,同时通知收款处,更改电脑中的房态资料。请行李员(派送员、信使员)派发加床通知单给相关部门。

(三)客房清洁服务

客房清洁工作要每天进行,是客房部的一项主要任务。同时,它也是酒店一切工作的基础和前提。清洁卫生服务与管理工作的好坏直接影响着酒店的形象、气氛乃至经济效益。所以,客房部必须运用一些必要的方法来有效地管理和控制这项工作。

1. 客房清洁整理的准备工作

为了保证客房清洁整理的质量,提高工作效率,必须做好客房清洁整理前的准备工作。

(1)清扫客房时应换上工装

客房服务员应准时上岗。上岗前,应按酒店的规定换好工作服,整齐着装,整理好仪容仪表,然后到客房中心签到。值班经理或领班须对服务员的仪容仪表、精神状态进行检查。

(2)领取钥匙

酒店会根据每天的住房情况不同对客房服务员进行任务分派,服务员在接受工作任务时需明确自己的工作楼层、客房号、当日客情、房态以及特殊要求或特殊任务等。接受任务后到客房中心领取钥匙。钥匙由值班员统一收发保管。领取工作钥匙时,必须履行签字手续。服务员领取钥匙后必须填写登记表,然后尽快到达自己的工作岗位并立即进入工作状态。

(3)了解分析房态,决定客房清扫程度和顺序

服务员在开始清扫整理前,须了解核实客房状况,其目的是确定房间清扫的程度和清扫顺序。这是必不可少的程序。

简单清扫的房间。空房属于这一类房间,服务员只需要视具体情况每天擦擦灰尘;过几天吸一次地毯、检查一下设施设备是否管用,看看卫生间水龙头是否有锈水(如有黄色的锈水,则应打开水龙头 1 ～ 2 分钟,把它放掉);如室内空气不新鲜,也应打开窗户换换空气;调节温度,使室温比较适宜。

一般清扫的房间。外出客人的客房和长住房属于此类房间。此类房间还需要整理床铺、撤换脏布草(床单、枕套、浴巾、毛巾等)、补充客房用品并较为全面地清扫客房(倒垃圾、倒烟灰缸、擦洗卫生间、整理衣物……)。

彻底清扫的房间。住房和走房都属于此类房间。长住客人离店后,要进行彻底清扫,要仔细地刮地毯,进行地毯除污,认真擦洗客房内各个角落、设施设备的里里外外,如墙纸脱落或有污损,还应更换墙纸,翻转褥垫甚至撤换窗帘。此外,接待重要客人的房间也应进行大扫除、除污、打蜡、抛光,做到窗明几净,没有一星尘埃,床也要铺得整齐、美观、没有褶皱,床单上不留任何污迹。

（4）决定清扫顺序

服务员在了解核实了自己所要打扫的客房状态后,应根据开房的急缓先后、客人情况或领班的特别交代,决定房间的清扫顺序。合理安排清扫顺序,其目的在于既满足客人的特殊需求,又要优先考虑加速客房出租的周转。客房的一般清扫顺序如下。

① VIP 房。此类房间须在接到清扫通知的第一时间清扫,并按酒店规定的礼遇规格要求进行布置。

②挂有“请清理房间”服务牌的房间。

③住客房。

④走客房。

⑤空房。

（5）准备工作车和清洁工具

服务员要根据所要打扫的房间数量及房间状况,备足床单、枕套、洗脸巾、脚巾、浴巾等干净布草以及香皂、淋浴帽、牙膏、牙刷、火柴、一次性拖鞋、卫生纸、针线包、暖瓶等客用消费品和信纸、信封、圆珠笔等文具和各种说明书,还有洗涤剂、马桶刷、抹布等各种客房及浴室清扫用具,并将所有这些按照一定的规律放置在清洁车上。最后还要准备好吸尘器。吸尘器在使用前先做好检查工作,看部件是否严密,有无漏电现象。工作车和清洁工具的准备工作,一般要求在头天下班前做好。在第二天进房前,还须做一次检查。所有用品应当一次性准备齐全,否则还得在清扫过程中耽误时间回去取。

2. 房间的清洁整理

为了保证房间的清洁整理工作能够有条不紊地进行,提高劳动效率,同时避免过多的体力消耗和意外事故的发生,客房部要制定卫生操作程序,实行标准化管理,这是客房清洁卫生管理的首要内容。这些卫生操作程序规定服务员的操作步骤、操作方法、具体要求、质量标准等。客房服务员应根据不同的客房,严格按照清扫的程序和方法进行,使之达到酒店规定的质量标准。

(1)客房的清洁整理

敲门进入房间。进入客房前必须敲门,得到允许后方可进入房间。敲门时要先轻轻敲三下,然后报称客房服务员(Housekeeping),待客人允许后方可启门进入。敲门时不得从门缝或门视镜向内窥视,不得耳贴房门倾听。如果三四秒钟后客房内没有回答,再轻敲三下并报名。重复三次仍没有回答时,可用钥匙慢慢把门打开。进房后,无论客人是否在房间,都不得将门关上,以防客人误会。在清扫客房时,要将"正在清扫"牌挂在门锁上。如果进入房间后发现客人在房间,要立即礼貌地向客人讲明身份,征询是否可以进房清扫;如进房后发现客人在卫生间,或正在睡觉,正在更衣,应立即道歉,退出房间,并关好房门。须注意:在进入房间清扫时,要把空调开大,并关掉开着的灯,拉开窗帘。如房间有气味,打开窗或喷洒空气清新剂。整个清扫过程中,房门必须始终敞开。清扫一间开启一间,不得同时打开几个房间,以免客人物品被盗。

清理垃圾杂物,撤走用过的客房用品。将卫生间垃圾和房间垃圾、烟缸里的烟头倒入垃圾桶内,清理纸篓,然后将烟缸放到卫生间内。倒烟缸时,要检查烟头是否熄灭,不可将烟头倒入马桶内。撤出客人用过的餐具、茶杯、冷水杯等,如果房间内有免费招待的水果,要将不新鲜的水果及果皮盘一同撤走。清理垃圾杂物时,不经客人同意,不得私自将客人的剩余食品、酒水饮料等撤出房间。将棉被折叠整齐,放于电视柜内或壁橱内。逐条撤下用过的床罩、枕袋、毛毯和床单,放进工作车,并带入相应数量的干净床单和枕袋。撤床单时要抖动一下以确定未夹带衣物等。床上有客人衣物时,要整理好。

（2）整理床

拉床。站在床尾将床连同床垫同时慢慢拉出离床头板50厘米。对正床垫,并根据床垫四边所标明的月份字样,将床垫按期翻转,使其受力均匀平衡。

铺第一条床单(垫单)。抖单:站在床头或床尾中间位置(或床的一侧居中位置),抖开床单,将毛边向下抛盖在床的正中位置上。定位:抖单同时看准方向和距离,有折皱的卷边要稍加整理。包角:掀起床垫尾部将床单塞入夹逢,按对称手法将床的两侧包成四个45度角。

铺第二条床单(盖单)。抖单方法同前,注意应将其毛边向上,中线与垫单对称,床单头部与床头板对齐。

铺毛毯。盖毯:盖上毛毯,中线对齐,毛毯上端距床头约35厘米,注意将毛毯商标朝外在床尾下方。包角:将毛毯尾部连同盖单下垂部分塞入夹缝中,将床尾两个角包成信封角。包边:将盖单由床头部向上反卷包住毛毯头,将床西侧下垂的毛毯同盖单一起填入夹缝。

套枕袋。拍松枕芯,套上枕袋,装好后的枕芯要把枕袋四角冲齐。

放置枕头。将套好的枕头放置床的正中,单人床将枕袋口反向于床头柜,两个枕头重叠摆放。双人床枕套口方向相对。

盖床罩。将折叠好的床罩放好打开,床尾及两边及两边定位,两边均等,床尾部分距地面5厘米;站在床头位置将床罩置于枕头上边,将多余部分分别均匀填入上下枕头夹缝之中;整理加工,使其美观。

将床推回原处。把床身缓缓推回原位置,最后再将做完的床查看一次。对不够整齐、造型不够美观的床面,尤其是床头部分,稍加整理。

（3）抹尘

从门外门铃开始抹至门框。抹布一般要拿干、湿抹布两种,按顺时针或逆时针方向抹,先上后下,先里后外,先湿后干,不留死角。

将物品按规定摆放整齐,抹的过程中应默记待补充的物品。

每抹一件家具、设备,就要认真检查一项,如有损坏,应在"楼层服务员做房日报表"上做好记录。抹尘时抹布要有分工,即房间用抹布和卫生间用抹布必须分开。不得用客用"四巾"等作抹布。

（4）清洗卫生间

卫生间是客人最容易挑剔的地方,因为卫生间是否清洁美观,是否符合规定的卫生标准,直接关系到客人的身体健康,所以卫生间清洗工作是客房清扫服务的重点。.

进入浴室,撤出客人用过的皂头、浴液、发液瓶及其他杂物。清理纸篓。用清洁剂全面喷一次"三缸"（浴缸、洗脸盆、马桶）。

用毛球刷擦洗脸盆、云石台面和浴缸以上三格瓷片,然后用花洒放水冲洗。用专用的毛刷洗刷马桶。

用抹布擦洗"三缸"及镜面、浴帘。马桶要用专用抹布擦洗,注意两块盖板及底座的卫生,完后加封"已消毒"的纸条。

用干布抹干净卫生间的水渍,要求除马桶水箱蓄水外,所有物体表面都应是干燥的,不锈钢器应光亮无迹,同时默记卫生间需补充的物品。清洗卫生间时必须注意不同项目使用不同的清洁工具、不同的清洁剂。清洁后的卫生间必须做到整洁、干净、干燥、无异味、无脏迹、皂迹和水迹。

（5）补充客用物品

补充房间和卫生间内备品,按规定的位置摆放好。整理房间时,将客人的文件、杂志、书报等稍加整理,放回原来的位置,不得翻看。尽量不触动客人的物品,更不要随意触摸客人的照相机、计算器、笔记本和钱包之类的物品。

（6）吸尘

吸尘时要由里往外吸,先吸房间,后吸卫生间。注意行李架、写字台底、床头柜底等边角位的吸尘。

吸尘器用完后,绕好放于工作车侧面。

（7）复查

吸尘后,客房的清扫工作就告结束。服务员应回顾一下房间,检查房间、卫生间是否干净,家具用品是否摆放整齐,清洁用具是否遗留在房间内等。检查完毕,把空调拨到适当位置上。

关好总电开关,锁好门,取下"正在清扫"牌。若客人在房间,要礼貌地向客人表示谢意,然后退出房间,轻轻将房门关上。

填写"楼层服务员做房日报表"。

（8）小整理服务

小整理服务是客房服务员对住客房间进行简单的整理,包括:拉回窗帘,整理客人午睡后的床铺;清理桌面、烟缸、纸篓内和地面的垃圾杂物,注意有无未熄灭的烟头;简单清洗整理卫生间,更换客人用过的"四巾"、杯具;补充房间茶叶,热水和其他用品等。小整理服务的目的就是要使客人走进房间有一种清新舒适的感觉,使客房经常处于干净整洁的状态,充分体现酒店优质服务的一个重要方面。各酒店应根据自己的经营方针和房价的高低等实际情况,决定是否需要提供小整理服务。至少应对 VIP 房和高档房间进行这项服务。

二、酒店客房管理智能化分析

（一）客房智能系统功能趋于移动端的服务管理一体化

随着物联网技术的发展，酒店智能产品的开发和应用如雨后春笋，这些产品的功能及其技术特点如表4-1所示。

表4-1　酒店客房智能产品功能分析

序号	应用模式	功能描述	特点分析	典型酒店
1	酒店整体定制开发	客房智能导航、客人到店提醒、电视门禁、全球通客房智能手机、互动电视	酒店全面管控，开发成本极高，难以推广	杭州黄龙饭店
2	手机入住CAPP	智能入住：手机预订、登记入住.退房.客房信息即时提醒	实现移动端预订，开发成本高，面向会员推广，自主性强，需配套开发蓝牙锁及开锁软件	喜达屋酒店、希尔顿酒店、华住酒店
3	微信自助服务（公众平台）	微信公众号＋微信支付，自助选房、微信客服、微信开门、微信点评、购物	简化了入住流程，以微信为平台，开放互联性强，应用成本低，依托腾讯公司，需配套想应WiFi联网门锁	住哲酒店、都市118连锁酒店、街町酒店、城市便捷连锁酒店
4	智能电视平台（DVD）	通过电视实现酒店服务预订、资讯查询，快速退房等；与电视厂家或传媒公司合作定制，具备一定酒店服务功能，手机、平板电脑等智能设备多建工体共享娱乐	对客房门锁、灯光、电器等设备综合监控，具备简单客房服务功能，定制成本高	酒店电视智慧E房智慧酒店云商平台
5	客房控制系统（HCL）	门锁、灯光、空调、窗帘等客房设备控制，能源管理，勿扰、洗衣、清扫等服务功能预约，IPAD移动控制功能	客房控制管理与酒店在线服务的综合应用	洲际安达仕酒店、万豪酒店
6	智慧客房系统（移动物联）	可集中控制客房设备，无线监测客房设备状态及能耗情况，移动端数字管家提供酒店在线服务及服务质量跟踪管理		杭州运河契弗利酒店

从对比分析来看,手机 APP、微信自助服务简化了客房预订与入住手续,增强了客户体验感,同时建立起移动端的客户交流和互动,受到顾客欢迎,较容易实施,而客房管理功能较少。同时应注意到,实现微信、数字开门,并非简单地将成千上万个房号和访客"对号入座",而是连接客房、顾客、智能手机需要的大量数据,其安全性和分析应用依赖于技术第三方的服务能力,同时此功能面临数字化门锁的更新改造和成本提升。

（二）客房智能系统实施走向无线物联化

客房智能控制系统发展十余年来,通过综合布线,以集中控制管理器 RCU 为核心,弱电控制强电的控制模式应用广泛;但由于需要控制面板的强弱电布线,使用的管线配件众多,实施成本高,RCU 出现故障后维修比较麻烦,影响客房使用,使得许多酒店智能化建设改造中望而却步。客房智能系统的发展除了功能开发之外,还需要创新技术模式,降低建设和使用成本。随着无线网络及物联网技术的大力发展,无线网络使用成本降低,成为酒店必备设施和环境,也促使客房智能系统向无线物联化发展。

第五章　酒店餐饮管理

　　餐饮管理是酒店管理的一项重要课题,是一项集合经营、管理、技术、艺术等为一体的富有创新性的活动。酒店餐饮管理与其他管理相比,有着自身的特点,要求酒店在餐饮管理上具有特色,从而与管理主体的要求相适应。

第一节　酒店餐饮管理概述

一、餐饮管理职能

（一）计划

　　计划是设立目的和目标,制订实施方案和工作步骤的管理活动。目的和目标指明管理工作需要做什么,实施方案则明确如何去做。计划应该在餐饮管理活动开始之初完成。

（二）组织

　　组织是在管理活动中回答"如何对有限的人力资源进行最优配置和利用,以实现组织的目标"的问题,组织就是要在人群中建立权力流程和沟通体系。

　　用人是餐饮组织管理活动的重要内容之一,它的目标是将最高素质的员工吸引到酒店中来。求职申请表、筛选测试、个人资料审核及其他审查手段都是招募计划、挑选程序的组成部分。

将求职申请人合理地安排到空缺的岗位,而不是招聘后再去问他能做什么工作,是十分重要的。要做到这一点,设置工作职位时必须规定所承担的任务。工作说明书或岗位职责列出了每个岗位人员需要完成的任务,这便于将求职申请人配备到相应的职位上。岗位职责的任职条件说明书列出了有效完成岗位工作所需要的个人素质和必备的个人条件,也可用于安排员工岗位。

通常情况下,招聘职位的申请人越多,筛选人员的工作也越复杂,但近年酒店招聘人员有越来越困难的趋势,尤其是一线服务人员。因此,更应鼓励大量人员前来申请职位,这样发现适合岗位的人员的机会就会增加。

确保新招聘来的人员一入职就有一个好的开端是组织用人管理的内容之一。老员工过去的工作经历强烈地影响着新员工与企业之间的关系。精心安排好入职培训工作对新员工正确了解管理人员、了解一起工作的同事和了解酒店的总体情况是非常必要的。

（三）协调

协调是分派工作任务、组织人员和资源去实现企业目标的管理活动。协调的基础是沟通。酒店中必须建立有效的沟通渠道,使信息能够在组织机构中上下流通。

（四）指挥

指挥是绝大多数管理人员的主要工作任务。人们通常认为,管理就是通过他人来完成工作。对劳动密集型的餐饮服务业来说更是如此。员工是每个酒店获得成功的极其关键的因素,了解员工的需求、愿望和期望可以帮助餐饮管理人员更有效地指挥员工。

指挥是指对员工的督导、工作安排和制度约束。督导包含了在工作过程中管理者与员工之间相互联系的所有方式。当管理人员对员工进行督导时,应懂得如何激励员工的士气,如何使员工有合作精神,如何对员工下达指令,如何使员工在人群中表现最优。

将机构目标与员工的目标融为一体变得越来越重要。只有当个人的需求在工作中得到满足时,员工才能被激励。要尽量让员工参与对他们有影响的决策。

合理地安排员工的工作是非常重要的。管理人员必须精确地了解每项工作需要多少劳动力,然后才能在此范围内开展工作,并且公平地对待所有的员工。

用制度约束员工是使许多管理人员感到畏惧的事情。但是,如果管理人员确信制度约束不是一种惩罚的方式,便会有一种积极的感受。确切地说,制度约束是一种提醒和纠正员工不正确行为,并帮助员工成为组织中高效率成员的管理方式。制度约束的方法包括个别训导、召开劝告会,以及经理(也许是上一级经理或大企业人力资源部派出的人员)与员工进行严肃的谈话。在某种情况下,也可以采取书面警告和暂时停职的方式。执行正式的书面规章制度是保护管理人员自己和酒店的最佳方法,这样可以避免偏袒、歧视和不公正行为的发生。

(五)控制

仅有有效的计划制订、资源组织及员工挑选和指挥实施还不能保证目标的实现。因此,在管理过程中,必须实施控制职能。控制职能包括建立和实施控制系统。

餐饮产品是经过餐饮服务企业生产出来的。因此,对产品的采购、验收、储存、发放、制作和服务过程进行控制是至关重要的。餐饮管理人员应该建立一套能够及时警示问题发生的控制体系。几个星期之后才知道问题的存在而需要控制,显然是无济于事的。餐饮服务管理人员经常要制定每天或每周的控制程序,以便补充会计和成本核算控制人员所提供的财务日报的不足。

餐饮管理人员还应该意识到,执行控制体系所产生的效益高于其成本才是有价值的。例如,采用某种控制体系,每周需要支付的成本为 200 元,而每周节约的成本仅为 100 元,这就不是一种理想的方法。反之,花费 500 元购买一件设备,设备的回收期为 10 周,每周可因此而节约成本 50 元,这就是合算的。山东济南一家酒店,花 6 万元投资购买了一套闭路监控系统,经过不到一年的使用,有效、合理地裁掉了近二十个不同岗位的人员,每年可减少人员工资等成本费用近 40 万元,这样的控制投入当然是有价值的。

（六）评估

评估在餐饮管理活动中的内容有:(1)总结在实现机构总体目标过程中的经营业绩;(2)评估员工的工作表现;(3)评估培训计划的效果。餐饮管理人员必须回答的一个永恒的问题是:"我们的工作完成得怎样了?"

不管机构目标是否完成,管理人员必须经常不断地进行评估,因为自满总会给日后的经营带来麻烦。如果目标即将实现,管理人员可以去完成新的目标。如果机构目标还没有完成,评估过程还可以起到弄清存在问题的作用。意识到问题的存在是迈向解决问题的第一步。

餐饮管理人员还必须评估自我以及自己的工作。有些管理人员认为他们的工作总做得很出色,因此不需要自我评估。另外一些管理人员则认为,自己是在尽最大的努力完成工作,不可能任何事情都做得很好。所以,对他们进行评估是没有意义的。这两种认识都会导致工作的低效率。以真诚的态度反复检查自己的工作表现可以帮助管理人员提高自身的业务能力和处理人际关系的能力。

评估是任何时候都要进行的重要工作。在餐饮管理过程中,管理人员应该定期安排时间去实施这一步骤。

二、餐饮管理内容

餐饮管理,是将有效的各种餐饮资源加以有机整合,从而为酒店创造持续、理想的社会效益和经济效益。具体分析、全面把握餐饮管理内容,是餐饮管理人员充分履行职责、系统开展管理工作所必需的。

(一)酒店人力资源管理

人力资源管理,是餐饮管理的首要任务。因为,只有有了人,餐饮业的各项工作才可能开展。人力资源管理包括对酒店进行人员配置、人员招聘与培训、考核与激励、保持酒店人员的动态平衡等具体内容。

1. 人员配置

酒店用工多、劳动密集,因此,更需要进行合理的人员配置。人员配置包括根据酒店的规模、档次,对酒店进行机构设立、管理层次和幅度的确立,对餐饮机构内的各工种职能进行分工界定,对各岗位职责进行规定。

2. 人员招聘与培训

酒店新员工需要通过合适的渠道进行招聘,有人员流失的岗位仍需要进行填补招聘。各岗位人员任职条件的确定、应聘人员的审核、测试等是餐饮业人力资源管理的又一基础工作。

招聘员工的培训,员工上岗以后的继续培训,培训主题的确定,培训活动的实施,这都是餐饮管理人员应身体力行的。

3. 考核与激励

设计酒店各级别、各岗位的考核频率、考核方式,并适时组织实施;指导并实施对酒店员工的激励、建立团队精神、增强集体协作意识。根据酒店及员工构成的特点,帮助员工及管理人员规划自己的职业生涯,确定企业的发展远景,并通过有效手段,鼓励员工将个人目标与企业成长、发展目标融为一体。

4. 保持酒店人员的动态平衡

酒店人员流动虽不可避免,但不可没有节制。餐饮管理要力求使流动率保持在适当的幅度以内。对在企业从事生产、服务工作的员工,也要适时进行优化组合,以使人力资源的作用得到最大限度的发挥。

(二)酒店经营效益管理

在既定档次、标准、水准的前提下,餐饮经营企业追求利润最大化、服务性企业追求成本最小化,这是餐饮管理的一致目标。酒店经营效益管理是餐饮管理最为量化、酒店投资者最为关注的内容。酒店经营效益,是酒店的营业状况、盈利水平、成本控制效果、资金使用态势的综合表现。这方面内容既是餐饮管理中容易考核的内容,同时又是对餐饮管理最具有说服力的考核内容。

1. 经营计划管理

根据酒店投资经营目标,结合当时、当地各方面信息资源条件,进行餐饮生产经营计划,是餐饮管理带有战略性的决策工作。经营计划包括市场定位、定价策略、毛利及成本水平、企业改造或大修理运作等方面内容。

2. 经营指标管理

经营指标,是酒店运作管理水平、管理目标实现程度的经济的、直观的体现。经营指标不仅包括营业收入、成本幅度、获得毛利、实现利润等指标,还有若干与之配套、互为支持的众多具体、细化指标,如上座率、翻台率、人均消费、餐具损耗率等。

3. 营销策划管理

营销策划,是实现酒店各项经营指标的重要手段和有力保证。餐饮营销策划,包括计划、组织美食节、外卖、各种食品促销活动等,并力求降低销售成本,创造可观的销售业绩。

（三）酒店物资原料管理

1. 设备设施管理

餐饮设备设施管理,包括餐饮设备设施的投入、结构设计与设备布局、选型与购买、日常使用管理责任的确定以及维护和保养机制的建立。餐饮管理人员,应该成为整个酒店设计与布局、设备配置的权威,对完善和提高餐饮生产及服务质量方面的设备、设施及设计问题提出积极建议。

2. 餐具、用具管理

餐具、用具是餐饮生产和服务使用频率极高、直接构成产品、影响产品质量的重要因素。餐具、用具的配备、日常生产、应用的管理,正常损耗的核定,添补、调整的计划,以及此类物品的运作、管理方式等,都是餐饮管理不可或缺的组成内容。

3. 食品原料管理

食品原料管理是餐饮生产经营赖以持续进行的先决条件,同时,也是降低成本和保证出品质量的基本前提。食品原料的组织与管理,虽有作为企业职能部门的采购和仓库保管部门专职运作,但作为使用部门,作为直接与消费者沟通、接触的部门,餐饮厨房生产和服务销售岗位人员,理应积极参与、主动协助完善相关管理工作。餐饮管理人员应对原料的规格、标准、进货方式与周期、进货质量与数量,以及新品原料的开发和引进、对供货商的考核和评估等方面履行积极认真的管理职责。

（四）酒店产品质量管理

1. 厨房出品质量管理

厨房出品是解决顾客消费的基本功能性问题的。厨房出品质量管理包括对厨房产品设计、不同消费标准的产品组合；对菜点色、香、味、形、质地等感官性状的检查、要求；对出品次序，以及菜点创新节律和质量的把握等。

2. 服务质量管理

服务质量是决定顾客餐饮消费方便、舒适程度和心理感受的重要内容。服务质量包含餐饮员工的服务技能、服务态度和服务工作效率等。服务质量管理，就是围绕上述内容，进行流程设计、指导培训、督导运转等工作。在服务规范、技艺成熟的基础上，设计并提供有针对性的个性化服务，是服务质量管理的更高要求。

3. 就餐环境管理

就餐环境是构成顾客餐饮消费心境、情趣，进而影响用餐时间和人均消费的重要因素。就餐环境管理，包括环境舒适程度，如空气、音响、气味、温度、湿度、卫生整洁等的设定和控制；环境装修、摆饰的美观、大方，雅致效果的创造，如家具、衣橱、电视机、洗手间、传菜道等；同时还包括气氛的渲染和特定主题文化氛围的营造，如主题宴会、节日用餐、家人欢聚、公司庆典等。

（五）酒店工作秩序管理

酒店工作秩序管理，主要指酒店为做到生产经营工作计划有序，必须从事的一些日常基础管理，包括设计生产、服务运作流程；制定工作规范与标准；建立督导机制等。

1. 工作流程规划

酒店工作秩序管理的一项最基础的工作，是根据酒店的规模、档次、隶属关系、销售市场及生产、经营方式和特点，规划、设计切实可行的企业工作运转流程与方式。具体地讲，酒店工作流程规划，包括原料申购、申领程序与方式，信息传递渠道与方式，质量管理体系建立，成本控制体系建立，突发事件处理（预案）体系建立等。

2. 制定生产规范

生产规范即生产规格、工作标准。酒店无论是厨房生产,还是餐厅服务,多为手工劳作。因此,员工操作先天的差异性与大部分顾客认同的规范化就有一定矛盾。解决这个矛盾的有效办法就是站在企业和顾客需要的高度,设计制定与餐饮规格档次、目标定位相吻合的各项操作规范,并依此培训、指导员工操作。这些规范主要包括:餐厅服务规范,如引座、托盘、斟酒、分菜、撤台等;厨房生产规格,如原料加工规格、上浆规格、菜肴配份规格、果盘切配规格等;餐饮工作程序,如原料申购、申领程序、顾客退换菜点程序、顾客寄存酒水程序、为客人结账程序等。

3. 制定管理制度

制度是保证执行规范的前提,是保护先进、鞭策落后的手段,是企业管理导向的标志。制定积极向上、切实可行的系列管理制度,对健全和完善酒店管理是非常必要的。酒店管理制度主要有员工休假、请假制度,各岗位值班交接班制度,人员考核制度,技术、技能比赛制度,企业奖惩制度,设备、设施管理制度,消防、安全制度等;而作为酒店员工必须共同遵守的最为基本的行为规范要求,则是企业的员工守则,这同样是制度管理的重要组成部分。

4. 设计运转管理表格

表格管理是餐饮管理的基本形式。餐饮运转、信息传递、账目处理、成本控制、质量分析、客户资料搜集等主要业务管理活动,都离不开系列表格的支持。因此,设计简单明了、方便易行、合理配套的各类餐饮运转管理表格(表单)是餐饮管理必不可少的基础工作。管理表格主要有:客情预订及跟踪管理系列表,财务收银及成本控制系列表,货物申购、申领、调拨系列表,厨房各岗位规范用料系列表,质检项目及质量分析系列表等。

5. 建立督导机制

工作流程规划和设计、制定生产规范和管理制度、设计运转管理表格,这些都是酒店良好工作秩序建立的必要前提。这些工作是否得到有效实施,执行情况怎样,其实也就是工作秩序如何,检查效果的关键还必须建立督导机制。这项工作包括设立督导模式、明确督导方法与策略、落实督导结果等,从而使督导与培训、督导与完善管理做到有机统一、相互促进。

（六）酒店卫生安全管理

卫生和安全管理是酒店至关重要的管理工作内容。卫生和安全是否达标,是否被消费者认可,是否让企业内部员工感觉踏实,直接关系到酒店经营能否正常进行,因此,这方面管理切不可投机取巧、敷衍了事。

1. 食品卫生安全管理

食品卫生安全管理主要是指对食品原材料、半成品及成品的卫生和安全管理,包括原料进货的各方面指标,保质期内的卫生和安全,厨房生产过程中半成品、成品的保管、质量指标合乎要求等。

2. 生产、操作卫生安全管理

厨房、酒吧对原料进行加工、生产、制作,不仅其操作方式、生产环境要符合卫生、安全要求,生产过程中的程序、规范也要防止对食品造成不洁或物品对食品造成污染。生产操作,要严格按劳动保护和安全操作规范要求,防止各类事故的发生。

3. 设备及使用的卫生安全管理

餐饮对设备设施卫生、安全甚至方便美观程度要求很高。对设备及使用的卫生安全管理,主要包括对设备、设施的维护保养,设备设施损伤维修规范的建立,设备卫生、整洁的保持,设备安全操作规程的培训与督导执行等。

4. 产品销售及环境卫生、安全管理

餐饮各类食品、成品、菜肴、点心、酒水等的销售环境、销售方式、售卖用具的卫生和安全可能构成对食品消费前的污染,也可能造成售卖过程中的事故出现,因此,同样必须加强对这方面的卫生和安全管理。

5.餐饮卫生安全管理体系建立

建立餐饮生产全过程、全方位的卫生督导、管理体系,切实加强卫生、安全制度建设和实施的督导,以规范、完善的管理有效防止食物中毒、火灾等各类事故的发生,并建立相应的预案管理措施,以确保对可能出现的事故进行有序、高效的应急处理。

第二节　酒店餐饮原料与产品管理及创新

一、酒店餐饮原料管理

（一）食品原料采购管理

菜单确定之后,所有满足客人需求的食品原料均需要通过采购工作来获得。食品等原料的采购,是酒店餐饮部为客人提供菜单上各种菜肴的重要保证,只有原料的质量合适,才能保证菜肴口味佳美。食品原料的采购数量、质量和价格不合理,会使餐饮成本大大提高。

采购程序是采购工作的核心之一。实施采购首先应制定一个有效的工作程序,使从事采购的有关人员和管理人员都清楚应该怎样做、怎样沟通,以形成一个正常的工作流程,也使管理者利于履行职能,知道怎样去控制和管理。各酒店可以根据自己的管理模式,制定符合本酒店的采购程序,但设计的目的和原理是相同的。

要保证餐饮产品的质量始终如一,企业使用的食品原料的质量也应该始终如一。食品原料的质量是指食品原料是否适用,越适于使用,质量就越高。

编定采购规格书之后,其质量标准可以使用相当长的一段时间,而采购数量标准却需要经常修改。一般说来,企业需每天修改数量标准。

（二）餐饮原料储藏管理

餐饮原料经过验收程序后,即进入了实物形式的保管环节。在这一环节,有关管理人员首先要弄清食品等原料对储藏保管的一般要求、注意事项,然后要掌握餐饮原料具体储藏管理的方法。

1. 对储藏区域的要求

餐饮原料仓库又称原料储藏库,每天要接收存储和分发大量的食品等原料。但是,不少酒店、餐厅对储藏库的设计工作不太重视,如各食品储藏库相隔很远,甚至分散在各个不同的楼层,因而影响仓储管理工作。

储藏库设计人员和企业经管人员在储藏库设计工作中需考虑的因素主要有以下几方面。

储藏库的位置。从理论上讲,储藏库应尽可能位于验收处与厨房之间,以便于将食品原料从验收处运入储藏库及从储藏库送至厨房。但是在实际工作中,由于受建筑布局的限制,往往不易做到这一点。如果一家酒店有几个厨房且位于不同的楼层,则应将储藏库安排在验收处附近,以便方便、及时地将已验收的食品原料送进储藏库,这样可以减少原料被"顺手牵羊"的可能性。一般而言,食品储藏库被设计在底楼或地下室内为佳。

储藏库的面积。确定餐饮储藏库面积时,应考虑到企业的类别、规模、菜单、销量、原料市场的供应情况等因素。菜单经常变化的企业,储藏库面积就应大些。

2. 对温度、湿度和光线的要求

几乎所有食品、饮料对温度、湿度和光线的变化都十分敏感。不同的食品饮料在同一种温度、湿度、光线条件之下的敏感程度又不一样。因此,不同的食品饮料应存放于不同的储藏库之内,并给予不同的温度、湿度及光线条件,使食品、饮料始终处于最佳的待食用状态。

温度要求。干藏库：最好控制在 10℃ ~ 21℃。冷藏库：冷藏的主要作用是防止细菌生长。细菌通常在 10℃ ~ 50℃之间繁殖最快，因此，所有冷藏食品都必须保存在 0℃ ~ 4℃的冷藏间里。

湿度要求。食品原料仓库的湿度也会影响食品存储时间的长短和质量的高低。不同的食品原料对湿度的要求是不一样的。

光线要求。所有食品仓库均应避免阳光的直射。

3. 对离库处理的要求

离库处理又叫"发货""发料""送料"，它是库存实物管理中的最后一个环节。离库处理管理的基本要求是：做好准备工作，严格离库审核手续，按库存物品周转规律准确无误地发送物品，并科学、合理地做好相应的原料成本登记工作。

离库业务的处理是双方面的工作，对申领物品一方来讲，有申报、待批、领料、核查、提货、运送等作业环节；对发放物品一方来说，有备货、审核手续及凭证、编配、分发、送发、核定成本、复核等作业环节。库存管理工作的重点主要放在后者。具体而言，食品原料发料管理的要求是：保证厨房和酒吧能及时得到足够的原料；控制厨房和酒吧的用料数量；正确地统计食品饮料的成本。

（1）食品原料的发放。食品原料的发放工作是从企业采购入库经验收无误的货品中或从食品原料仓储的存货中发出食品原料供给生产部门使用的过程。餐饮食品原料的发放形式共有两种：无须入库贮存原料的发放和库存原料的发放。

无须入库贮存原料的发放。这些原料主要是即购即用的易变质性原料。食品原料经验收合格之后，从验收处直接发至厨房，其价值按当日进料价格计入当天食品成本账内。食品成本控制员在计算当日食品成本时只需从进货日报表的直接进料栏内抄录数据。当然，并非每一次记录都这样简单，例如，有的原料验收后，其中一部分须直接送至厨房，记录成本账目时作为直接进料，而另一部分须送仓库贮存，因而需要作为仓库进料分别登记；另一种情况是,有时大批直接进料厨房当日用不完,剩余部分第二天、第三天才得以消耗完,但这批原料的成本已计入了进料当天的食品成本,因而会不切实地增加那天的食品成本率;为了简化手续,直接进料经过验收、在进货日报表上作登记之后,便直接送交厨房,此后仓库便不作其他任何记录。由于"直接进料"是在一收到之时就发往厨房,如果存在偷盗、浪费和变坏,就会在过高的成本数字上表现出来。

库存原料的发放。库存原料包括干藏的食品、冷藏的食品、冰鲜藏的食品和冷冻藏的食品等。这些食品原料经验收后入库房贮存备用,在生产部门需要时从仓库领出,在领出当日转入当日食品成本账目。因此,对每一次仓库原料发放都应有正确的记录,这样才能正确计算每一天的食品成本。每天库房向厨房和酒吧发出的原料都要登记在"食品仓库发料日报表"上。

库存原料发放的控制。其一,定时发料。规定发料时间非常重要,因为这直接影响着生产过程。厨房根据自己所需要的食品原料填写领料单,仓库按领料单进行备料。其二,凭单发料。即凭领料单发料。领料单是仓库发出原料的原始凭证。领料单上应正确地记录仓库向各厨房发放的原料数量和金额。

(2)饮料的发放。饮料购入后,其采购金额全部计入库存额,要在饮料领出后才计入成本。仓库发放饮料同样要凭领料单,领料单须有酒吧经理或餐厅经理签字才有效。

由于饮料在销售时毛利较大,且一些名贵酒类价值很高,所以对饮料的发放应严格控制。一些零杯销售的酒水(通常是名贵酒),不仅要凭领料单,还需凭酒吧和餐厅退回的空瓶。这种做法要求酒吧或餐厅对饮料保持固定的标准库存量。每天退回的空瓶数应是昨日的消耗量(零杯酒除外),每日领取的饮料量实际上是补充昨日消耗掉的饮料量,使酒吧(餐厅)的贮存量保持在标准水平。如酒吧中的人头马按干邑酒的标准贮存量应贮存5瓶,用完2瓶的空瓶在领料时送回后再领取2瓶,这样酒吧每天营业开始时该类酒始终保持5瓶的标准贮存量。

由于酒吧和餐厅在营业服务中常销售整瓶酒水,有的客人喝了一半连瓶将酒水带走,整瓶酒水的空瓶就难以收回。为加强控制,整瓶酒水的销售要填写整瓶销售单。客房用餐服务中的整瓶酒水销售也要填写整瓶销售单。在领料时以整瓶酒水销售单代替空瓶作领料的凭证。

酒吧或餐厅保持标准贮存量有利于保证饮料的供应和对酒吧、餐厅的饮料加强控制。采取凭空瓶和整瓶销售单领料,酒吧、餐厅可以随时按实际结存的饮料瓶数和空瓶数(或整瓶销售单上的数量)对照标准贮存量检查饮料的短缺数。各种商标的酒水无论在何时检查都应是如下数量:

满瓶饮料数 + 不满瓶数 + 空瓶数(或整瓶销售数): 标准贮存量

酒吧及厨房的贮存面积较小且较难控制,所以标准贮存量要根据每天的平均消耗量计算,一般不多于三天的需求量。宴会、团体用餐等重大活动无法设立标准贮存量。为宴会领取的酒水一般大于预计的需用量,在宴会结束后要将未用完的酒水退回。退回的饮料填写在食品饮料调拨单上。

二、酒店餐饮产品管理

(一)餐饮生产场所的安排与布局

没有满意的员工就没有满意的顾客;没有使员工满意的工作场所,也就没有使顾客满意的环境。生产场所合理的设计布局是生产餐饮产品、体现高超烹饪技艺的客观要求。因为餐饮生产的工作流程、生产质量和劳动效率,在很大程度上受到厨房设计布局的影响。生产场地设计布局的科学与否,不仅直接关系到员工的劳动量和工作方式,同时影响到生产场地内部以及生产场地与餐厅间的联系,影响到建设投资是否合理和确有成效。

餐饮生产场所的布局安排,即确定食品生产各部门的具体位置,将生产所需要的设备、用具最为合理地组合成操作加工的点、线并分布在生产场所内。这是一项复杂而又受多种因素影响的工作。因此,在进行布局安排时,应该由布局设计者、管理者、生产者、设备专家共同讨论、研究决定。

（二）餐饮生产质量控制

餐饮生产,即由酒店餐饮部承担的对菜肴、点心、饮料等对象的加工、制作、成品的过程。餐饮部生产的产品,即厨房等餐饮生产部门加工制作的各类冷菜、热菜、点心、甜品、汤羹,以及水果盘等,其质量的高低好坏,直接反映了餐饮生产、制作人员技术水平的高低。产品的外表形态及内在风味,小而言之,会对就餐客人产生直接影响,关系到其是否再来用餐;大而言之则是通过客人的口碑,影响到整个酒店餐饮的声誉和形象。因而,餐饮生产的质量控制应成为餐饮生产管理的重点。

抓好餐饮生产质量管理与控制应首先了解有关产品质量的基本原理、餐饮产品的质量概念及特征,形成餐饮产品质量的因素;然后应抓住餐饮产品生产过程的质量管理核心——标准食谱的制定与实施环节,展开工作与管理。

产品的服务、销售要好,服务工作热情、及时、周到而有效率,就餐环境要舒适,能满足客人猎奇、享乐的心理需求,体现其身份和地位。

1. 构成餐饮产品自身质量的要素

（1）产品的卫生。

（2）产品的营养。

（3）产品的颜色。

（4）产品的香气。

（5）产品的滋味。

（6）产品的外形。

（7）菜肴的质感。

（8）产品的器皿。

（9）产品的温度。

（10）产品的声效。

2. 餐饮产品质量的形成过程

完整的餐饮产品质量的形成过程至少应该经历三个阶段：产品设计过程、产品生产制作过程、产品的推销服务过程。这里主要介绍前两个阶段。

餐饮产品的设计是指产品生产制作前对菜肴、点心、饮品的各种功能、原料状况、加工技术、成本与获利情况进行一系列分析、安排和调整，以定出最合乎本企业生产的规范方案。这种方案在专业上被称为"标准食谱计划"。

餐饮产品的生产制作是指如何依据"标准食谱计划"所设计的方案，通过具体的加工步骤、生产过程来达到产品设计所规定的质量指标指数。

（1）产品设计过程

产品的目标质量在产品的设计阶段已经基本确定下来。设计是质量之母，如果设计出来的产品，其质量已经达不到要求，那么最终生产出来的产品肯定是先天不足。因此，抓好餐饮产品质量的第一项工作就是把好产品设计关，打好质量的基础。

影响餐饮产品设计质量的因素有：产品质量成本、产品价格、质量成本与价格的关系。

一般而言，所设计的产品质量越高，产品本身所需支出的成本就越高，在达到一定程度之后，继续提高产品的设计质量（假设设计质量可以无限度提高），则产品的成本会增加得更快。反之，产品的设计质量越低，其本身的成本也就越低。但若低到一定程度之后，若继续降低设计质量，则成本降低的幅度会变小。这种产品设计质量与产品成本的关系可以用图 5-1 表示。

看一下产品价格问题。常常是产品的设计质量越高，产品的售价也相应提高。

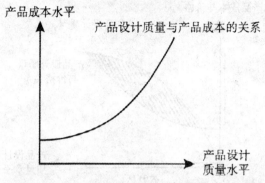

图 5-1　产品设计质量与产品成本关系

　　产品售价上升到一定程度时,再提高设计质量水平,其售价也不会按比例升高。反之,设计质量越差,售价也相应下降。但是,下降到一定程度后,再降低设计质量水平也不能再引起价格下降了。这种产品质量与价格之间的关系,可以用图 5-2 表示。

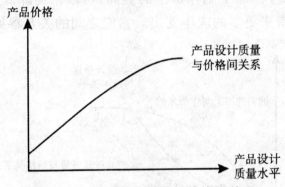

图 5-2　产品设计质量与价格间关系

　　不同的产品设计质量会带来不同质量水平的产品,这些产品的成本和售价也是各不相同的。把设计质量水平与产品的成本、产品的售价相关起来,我们就会发现"产品设计质量—产品成本—产品售价"之间有盈利关系,如图 5-3 所示。

　　为了使所设计的产品质量水平能够盈利,就一定要使设计质量维持在盈利区域之内。这实际上是产品设计质量水平的适度性问题。质量上粗制滥造的产品不能赚钱;过分考究、精雕细凿的质量要求同样不能给企业带来利润。

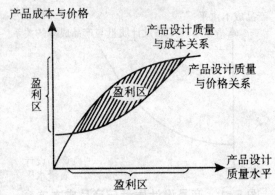

图 5-3　产品设计质量—产品成本—产品售价的关系

（2）产品生产制作过程

餐饮产品设计质量的最终实现和形成,主要是通过具体的加工制作。另外,产品加工制作水平的高低可以改变产品的设计质量及成本水平。加工制作水平的提高,可以帮助降低产品成本;反之,则会带来更多的成本支出。它们之间的关系参见图 5-4。

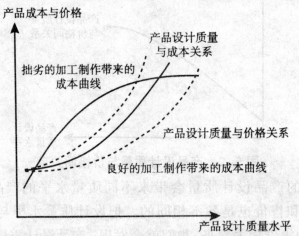

图 5-4　产品的设计质量、成本、价格与加工制作水平的关系

显然,良好的制作加工既降低了产品的成本支出,又增加了盈利区域。因而,抓好产品的加工制作过程的管理显得极为重要。

3. 餐饮产品的设计质量控制——制定标准食谱

（1）标准食谱的概念

标准食谱起源于西方国家的酒店管理,它是指餐饮企业为了规范餐饮产品的制作过程、产品质量和经济核算而制定的一种印有产品所用原料、辅料、调料的名称、数量、规格和产品的生产操作程序、装盆要求以及制作成本、价格核算方法等内容的书面控制标准。

（2）标准食谱与普通食谱的区别

普通食谱的主要内容包括加工餐饮产品的原料、辅料以及餐饮产品的制作过程两大部分；它的作用主要是作为厨师等餐饮产品加工生产者的生产工具书。

标准食谱的主要内容除了普通食谱的部分内容之外，另有关于餐饮产品经济核算方面的内容。它的主要作用是餐饮管理人员用于餐饮成本核算与控制。

（3）标准食谱的表现形式

餐饮企业使用的标准食谱主要有三种表现形式：

标准菜谱。餐饮管理人员对菜肴生产、制作过程、成本核算等进行控制的工具。

标准面点谱。餐饮管理人员控制面点生产、成本核算的工具。

标准酒谱。餐饮管理者对鸡尾酒、混合酒等饮品实施生产控制、经济核算的工具。

标准食谱是上述三种表现形式的总称。

（4）标准食谱的结构及样本

标准食谱的结构由两部分组成：普通食谱的内容和有关某个产品的经济核算、成本数据等内容。

三、酒店餐饮产品创新

（一）投其所好

根据餐饮企业目标顾客群体的喜好筛选适宜的产品构思和设计方案，而不必兼顾所有顾客。如年轻人喜欢新奇、方便、噱头、颜色鲜艳、造型独特的产品。在日本开的一家"厕所"餐厅、在济南开的一家"火车"餐厅,它们就都满足了年轻人新奇、噱头的就餐欲望。

（二）供其所需

不论新老产品,有无创意,只要消费者有确切的一定规模的需要,就可以开发生产相应的产品。如仿古菜、民间菜、私房菜等。

（三）激其所欲

用奇特的构思或推出特色的餐饮项目,激发顾客的潜在需要。如酒店及时推出的每天特选菜、每日奉送菜、活动大抽奖以及烟雾菜、桑拿菜等,都会引起顾客的购买欲望。

（四）适其所向

预测分析顾客需求动向和偏好变化,适时调整产品结构与内容。开拓和引导市场。如根据市场需要最先推出美容食品、健脑食品、长寿食品、方便食品等。

（五）补其所缺

首先要了解市场的行情,分析现在的餐饮市场还缺什么,需要补充什么,不论产品价值大小,只要有一定的市场需求量。就是一种非常可行、有效的新产品开发思路。如市场缺少拉丁餐厅,可以开巴西烤肉,或酒店外卖、儿童节、情人节、重阳节食品。

（六）释其所疑

开发出的产品让消费者买得放心、吃得舒心、用得明白,减少顾客的疑问。如酒店餐厅为厨房生产原料和产品提供检测设备,并开发绿色生态食品生产产业链、无味精食品、人工大灶食品等。

第三节　酒店餐饮服务管理及创新

一、餐饮服务概述

餐饮服务是餐饮产品的重要组成部分,它是餐饮部员工为就餐宾客提供菜点酒水面对面服务的全过程。它包括餐饮服务环境和对客服务两部分。因此对餐饮服务进行管理主要包括餐饮服务环境的布置与安排、对客服务质量控制两部分。餐饮服务包括以下几种。

餐桌服务是比较传统的服务方式,是指顾客坐在餐桌旁,等待服务员来递菜单点菜、上菜等服务。餐桌服务主要包括中式服务和西式服务两种。

二、餐饮服务创新的途径

（一）服务姿态

服务人员的长相打扮、仪表仪容、精神面貌是在餐饮服务中首先映入客人眼帘的第一印象。形象悦人,印象深刻,一靠三分长相,二靠七分打扮,三靠言行举止。员工五官端正身材高挑,仪表端庄,衣冠整洁,言行举止宛如"淑女、绅士",符合国际礼仪。

（二）服务感觉

"心中有人,眼里有活"。细心观察客人表情及示意动作,"想客人之所想,想客人之专想:想客人之未想",脚快手勤,"时刻准备着"为客人提供主动的超前服务、超常服务与超值服务。不仅为客人提供功能服务,更要提供富有人情味的心理服务;不仅要为客人提供一视同仁的标准化服务,避免客人的不满意,更要提供让客人"满意加惊喜甚至是感动"的个性化服务,事事、时时、处处、人人使客人感到"和蔼可亲、您重要!"使客人在生理上产生安全感、舒适感和方便感,在心理上产生亲切感、自豪感和新鲜感。

（三）服务技艺

服务人员应熟悉本岗位的业务知识,掌握服务操作规程,善于把握顾客心理,熟悉各地各民族顾客的风俗习惯,具备较强的应变能力。如向客人详细介绍菜单知识;上菜、斟酒时注意选择时机及方法,尤其在客人致词、相互敬酒时不宜上菜、分菜;分菜的动作要正确麻利,分配均匀;要善于察言观色,揣摩顾客的心理活动,及时为他们提供优质服务。

（四）服务方式

根据不同地区、不同客人的风俗习惯,不同的餐饮档次及服务对象采取不同的服务方式。如有些顾客斟酒水不需要服务员服务,而喜欢自己相互斟酒水,体现主人的热情友好;有的喜欢服务人员帮助他们斟酒水,显示出自己有身份、有档次;有的顾客要求上菜速度要快,最好把所有菜肴一次性全部上桌,显得丰富;有的顾客要求上菜速度要慢,吃完一个菜,再上一个菜,用餐时间要长一些;还有自助餐会、酒会、西餐宴会与中餐宴会的服务方式也完全不一样,所有这些都要求服务人员能最大限度地满足客人对餐饮的各种物质需求和精神需求。

（五）服务效率

工作效率高、服务速度快,表现在出菜的速度、斟倒酒水的及时程度、对客人需求的反应速度等。只有快速有效地为客人提供优质服务,不断地提高服务标准及工作效率,才能得到客人的认可。餐饮要求提供即时服务,如时间过长、热菜变凉、凉菜变温都会影响餐饮产品的消费感受。同样,无形服务产品也有使用的有效时间。客人希望在一定的时间段内得到应有的服务,要求缩短取得服务的时间,如寻找时间、等候时间、上菜时间、结账时间等。许多酒店规定的限时服务满足了客人的时间要求,如冷菜3分钟必须上桌,第一道热菜上桌不得超过15分钟,客人无特殊要求整个零点菜点50分钟内必须上齐。

第六章　酒店质量管理与酒店财务管理

酒店作为一种服务类型的企业,其服务质量对于酒店的长远发展而言意义重大。另外,酒店财务管理的及时更新、与时俱进对于酒店的未来发展也会产生重大影响。为此,本章就主要针对酒店质量管理与酒店财务管理展开分析。

第一节　酒店质量管理与财务管理概述

一、酒店质量管理

酒店出售的商品就是服务。服务质量是酒店的生命,任何酒店企业都要以服务质量求生存,以服务质量求信誉,以服务质量赢得市场,以服务质量赢得效益。酒店有了好的服务质量才会获得一切,酒店服务质量不好就会失掉一切。因此,酒店服务质量是酒店的生命。实现我国酒店服务质量的根本好转,有其重要的经营战略意义和现实意义。树立新的服务思想和质量管理观念,是广大旅游者的迫切要求,也是旅游战线全体从业员工的诚挚愿望。

酒店是一个国家、地区和民族的物质文明和精神文明的窗口。酒店的服务质量如何关系到国家的荣誉、民族的尊严和精神。酒店服务质量关系到改革开放方针政策的贯彻执行,关系到以经济建设为中心和社会主义市场经济体制的建立。因此,我们必须认真抓好酒店的服务质量。把它当作最根本的、永恒性的工作,自始至终地狠抓不放。

（一）酒店服务质量的含义和内容

酒店服务质量的优劣，取决于满足宾客物质需求和精神需求的程度。也可以说是取决于满足宾客生存因素、享受因素和发展因素的需求程度。所谓服务，就是为了集体和别人的利益而工作；或者为了他人方便而工作；或者为了某种事业而工作。

作为生活在社会中的每一个人，都与其他人息息相关。无论衣食住行等物质生活的需要，还是社交、影视、书刊、音乐等精神的需要，都离不开其他人为自己服务，每个人都是被服务者。与此同时，又都以各种方式为他人服务，每个人又都是服务者。"人人为我，我为人人"，这是客观存在的事实，也是我们应该具有的共识。"人人为我，我为人人"的关键在于怎样更好地为他人服务，这也是服务的真实含义。服务质量是服务能满足服务需求特性的总和。什么是服务需求？就是指被服务者（顾客）的需求。顾客在物质上和精神上有哪些需求呢？我们可以用这些词来描述：物美与价廉；及时与周到；安全与卫生；舒适与方便；热情与诚恳；礼貌与尊重；亲切与友好。

1. 物美与价廉

酒店出售的饮食、客房、商品等服务，都是物质性的，都是为了满足顾客物质需求的，都是我们所说的"物美"中的物。物美和价廉是辩证的统一，物美是建立在一定价格上的。顾客要求用自己所付出的代价来得到相应满意的"物"，也就是说，要以合理的费用得到满意的饮食、客房、商品和相应的满意的服务。这是不言而喻的。

2. 及时与周到

物美与价廉，并不能代替及时与周到。一家酒店，它的菜肴色、香、味、美、型、器均佳，而且价格合理，是否就算服务质量好呢？要使顾客满意，很重要一点就是服务的及时和周到。如果让顾客等半小时、一小时才能吃上,而且送上的菜肴、饮料缺少必要的餐具,服务程序又混乱,即使菜肴、饮料再好,也会使顾客摇头,下次不愿再光顾。所以及时与周到是必不可少的。酒店要特别重视快捷、细致、周到服务的特点,这是顾客十分关心的问题。服务人员要想顾客之所想,急顾客之所急。

3. 安全与卫生

酒店的整体氛围及怡人的环境,使宾客感到轻松、愉快、放心、宽心,使宾客有人身、财物、环境的安全感。保障安全是指在服务过程中不会由于饮食、商品变质、设施故障、服务过失等造成对宾客人、财、物以及环境造成危害和损失。保障卫生是指宾馆任何地方、任何时候都应是清洁、整齐的,食品是优质良好的,在服务过程中不会由于食品、商品、设施和服务等发生问题而有害于人身健康。这里的保障不仅是对顾客,也应保障酒店本身和酒店员工的安全与卫生。

4. 舒适与方便

指酒店有形设施的质量和整个酒店的服务气氛应具有魅力价值,使宾客感到下榻在本酒店是一种美好的综合的享受;方便是指酒店有形设施的实用价值及完整的服务项目、员工的主动的服务精神,使宾客感到酒店是他(她)的旅行别墅。总之,要创造一个良好的生活环境,要使宾客生活愉快,这是服务中最重要的方面。

5. 热情与诚恳

指酒店员工对宾客应主动、积极、微笑、暖人地服务,热忱地服务和熟练地服务,真诚地、发自内心地、自觉地服务。服务过程应精神饱满、专心致志。

6. 礼貌与尊重

酒店服务强调员工的仪表、仪容、举止、礼节、礼仪、服务态度、服务技能都要好,要十分尊敬顾客,视顾客为上宾,顾客是皇帝,按顾客旨意和需求,认真做好每一项服务工作。

7. 亲切与友好

这是酒店每一个顾客所要求的,我们必须满足他们的这一要求。酒店要有富有人情味的服务,充分体现酒店服务具有的人性化的特征。要友谊、好客、和善、友好地为顾客服务。在为客人服务时不得流露厌烦、冷淡、愤怒、僵硬、紧张和恐惧的表情,不得扭捏作态、做工鬼脸、吐舌、眨眼。

(二)酒店服务需求质量特性的六个方面

特性是指人和事物所特有的性质,并可以以人和事物的某些特征表现出来。我们说,服务需求质量是一种客观存在的事物,当然也就具有它的特征了。我们从物美与价廉、及时与周到、安全与卫生、舒适与方便、热情与诚恳、礼貌与尊重、亲切与友好、谅解与安慰等物质的和精神的需求中,可以总结概括为以下六个方面的质量特性:功能性、经济性、安全性、时间性、舒适性和文明性。这些服务需求质量特性也是我们酒店服务工作的目标。下面我们分别加以说明。

1. 功能性

什么是功能和功能性? 功能就是事物发挥的作用和效能,能不能发挥作用和效能则是用功能性来说明的。显然,我们这里所指的功能是基础性的功能。各种服务工作都有它的功能。酒店的功能就是让顾客吃得好、住得舒服、玩得痛快,处处感到开心和方便,达到很好的享受和休息效果,等等。这些功能是对服务工作最起码、最基本的要求。也就是说,功能性是需求质量特性中最基本的一个方面。

2. 安全性

安全是为了保证服务过程中顾客生命不受到危害,健康和精神不受到伤害,钱财物不受到损失。安全性包括物质和精神两个方面。但改善安全的重点在于物质方面,特别是服务设施的安全检查、维修和保养、食品和环境的卫生,保安队伍的建设等。安全性是需求质量特性不可忽视的方面。

3. 时间性

这是指服务工作在时间上能不能满足顾客的需求。时间对服务工作至关重要。对于顾客来说服务是"一次性"的,在服务全过程中,服务质量所造成的问题常常是难以弥补的。时间性包含及时、准时和省时三个方面。

及时——当顾客需要某种服务时,我们的服务工作能及时提供,也就是我们服务工作能够具备顾客所需要的功能。如果顾客要一杯饮料或茶水,我们过了半个小时才提供,这就不及时了。

准时——顾客要求某些服务在时间上是准时的。如顾客要求早上 7:30 分的叫醒服务,就不能提早,也不能延误拖后才叫醒,否则很可能耽误客人大事和旅行安排。

省时——在服务过程中,顾客为了得到所需要的服务或功能而耗费的时间应该越短越好。有些服务工作要尽量争取时间。

4. 舒适性

顾客希望服务过程舒适。它包括:(1)设施的适用、舒服和方便;(2)环境的整洁、美观和有秩序。

5. 文明性

顾客期望在服务过程中能获得一个自由、亲切、尊重、友好、自然与谅解的气氛,有一个和谐的人际关系,在这样的条件下得到物质的需求。这就是文明性。文明需求属于人们在服务过程中的精神需求质量特性。文明性充分体现了服务工作的特色,使之有别于工业企业全面质量管理中产品质量的特性。它是全部服务需求特性中的一个极重要的方面。

服务业全面质量管理中的质量包括服务需要质量和服务工作质量两个部分,可以简称为包括需求质量和工作质量。

需求质量反映了顾客的要求。为保证需求质量的实现,需要进行大量的工作,这些工作的好坏影响着需求质量特性,也就是这些工作也有个质量问题,我们称之为工作质量。工作质量反映了为保证和提高需求质量而进行各方面工作的水平或能力,是为了保证和提高需求质量而进行各方面工作的质量。如思想政治工作的质量、业务培训工作的质量、信息工作的质量、设施设备维护工作质量、采购工作质量等。工作质量与需求质量是两个完不同的概念,如售票差错率、酒店客房空房率、设施完好率等,并不是顾客的需求质量特性指标,而是属于工作质量特性指标。

需求质量的优劣是由许多因素决定的。例如,服务设施维修工作质量很差,经常发生故障,那么,即使服务设施性能很好,也不能保证安全性、舒适性等,从而不能保证宾客的需求质量。也就是说,维修工程质量是通过某些因素来起作用的,在这个例子中我们所说的因素是设施的维修保养质量。

(三)影响服务需求质量特性的五大因素

影响服务需求质量特性(功能性、经济性、安全性、时间性、舒适性和文明性)的原因是很多的。我们可以把这众多的原因归结为五大因素。这就是人(Mall)、设施(Machine)、材料(Material)、方法(Method)和环境(Environment),称为4M1E因素。

通过以上分析,我们可以得出结论:酒店服务工作是为了满足宾客物质和精神的需求。需求质量和工作质量组成了服务工作全面质量管理中的质量概念。需求质量具有六个方面的特性。影响这种需求质量的特性因素是4M1E。

二、酒店财务管理

(一)酒店财务管理的概念

所谓财务,是对社会经济环节中涉及钱、财、物的经济业务的泛指。酒店财务是客观地存在于酒店的生产经营活动中,通过货币资金的筹集、分配、调度和使用而同有关方面发生的经济关系。

酒店财务管理,是指对酒店财务活动的管理。财务活动即酒店财产物资方面的业务活动及事务活动,包括各种财产物资的取得、置配、耗用、回收、分配等活动。在市场经济中,各种财产物资具有价值和使用价值,财产物资价值的货币表现就是资金。为了保证业务经营活动的正常进行,酒店首先要筹集一定数额的资金,有了资金后,还要做好资金的投放,使之形成酒店业务经营所需要的各种财产物资,即各项资产。而在酒店的业务经营过程中,资产的价值形态不断地发生变化,由一种形态转变为另一种形态。

酒店是借助有形的设备、设施,通过提供服务而获取经济效益的生产经营单位。酒店经营者运用投资者提供的资金进行经营。从形式上看,酒店财务是货币等财产资源的收支活动,它表现为酒店资源量的增加与减少,其基本内容体现为筹资、投资与分配等;从实质上看,酒店财务体现着酒店与各方面的关系,由此体现着一定的社会经济利润。酒店财务活动包括酒店由于筹集资金、运用资金、分配利润而产生的一系列经济活动,酒店财务活动的总和构成酒店的资金运动。酒店财务管理的对象,就是资金的运动。

酒店财务管理是随着酒店规模不断扩大、管理不断深化而出现的一种管理职能,它主要解决酒店经营中的一些理财问题,管理者根据酒店的经营目标和经营需要,按照资金运动规律,对酒店的财务问题进行科学有效的管理,并正确处理酒店同社会各种利益关系团体和个人之间的经济关系。

"财务管理"英文为"Financial Management"或"Managerial Finance",是一门独立性、专业性很强的,与社会实践密切相关的经济管理学科。它最初产生于 17 世纪末,发展于 20 世纪,尤其在第二次世界大战后,随着企业生产经营规模的不断扩大和金融证券市场的日益繁荣,筹资越来越不容易,风险也逐渐加大,人们越来越认识到财务管理的重要性,其理论与方法得到不断的发展。

西方国家每一企业都有专门从事财务管理的机构,设有财务副经理,直接向总经理报告并负责财务会计工作。这一工作在酒店经营管理中处于特别重要的地位。

(二)酒店财务管理的主要目标

1.以利润最大化为目标

利润代表了酒店新创造的财富,利润越多,则酒店的财富增加得越多。因此,股东把利润作为考核酒店经营情况的首要指标,把酒店员工的经济利益同酒店实现利润的多少紧密地联系在一起。

2.以财富最大化为目标

财富最大化是通过酒店的合理经营,采用最优的财务政策,在考虑资金的时间价值和风险报酬的情况下不断增加酒店财富,使酒店总价值达到最大。

3.以社会责任为目标

酒店应承担对社会应尽的义务,如果每一个酒店都能够积极承担一定的社会责任,如保护消费者权益、合理雇用员工、为职工提供培训和深造的机会、保护环境等,将会为整个社会的繁荣和发展做出积极的贡献。但企业在追求利润及财富最大化时,往往与一些社会利益相矛盾,过多承担社会义务会影响酒店的收益和利润的增加。如酒店所进行的环境保护投资,尽管由于保护生态环境而带来收入的减少,但酒店在承担这一社会责任的同时,也改善了其在社会公众中的形象,提高了酒店在公众心目中的地位,从而可以获得长远的经济效益。

（三）酒店财务管理的组织机构

建立健全酒店财务管理组织，是有效开展财务活动、调节财务关系、实现财务管理目标的重要条件。酒店财务管理组织的机构设置一般有三种类型。

1. 以会计为核心的财务管理机构

其特点是会计核算职能和财务管理职能合二为一。在这种机构内部，是以会计核算职能为核心来划分内部职责的，设有存货、长期资产、结算、出纳、成本、收入、报表等部门。这种机构适用于中、小型酒店。

2. 与会计机构并行的财务机构

其特点是会计核算职能与财务管理职能分离，财务管理职能由独立于会计机构以外的财务管理机构履行。财务管理机构专门负责筹资、投资和分配工作、组织资金运动。在该机构内部，按照职责的不同划分为规划部、经营部和信贷部。规划部的主要职责是进行财务预测和财务计划。预测的内容是金融市场的利率与汇率，证券市场的价格和现金流量，为筹资和投资提供依据。计划的主要内容是编制现金预算，确定筹资计划；编制利润计划，确定酒店生产经营目标；编制投资计划，确定酒店实物投资和金融投资的动向。经营部的主要职责是寻找资金的筹措渠道，进行金融市场融资及投资，实施资金分配。信贷部的主要职责是调查客户资信状况，掌握其生产及经营状况和偿债能力，对拖欠款进行债务催收或清理，对还款情况进行后续跟踪调查。这种财务管理机构适用于大型酒店。

3. 公司型的财务管理机构

其特点是它本身是一个独立的公司法人，能够独立对外从事财务活动，在公司内部，除了设置从事财务活动的业务部门以外，还设有一般的行政部门。这种财务管理机构一般设置在集团或跨国公司内部,主要负责集团公司或跨国公司的整体财务管理和各个成员之间的财务协调以及各企业成员的自身财务管理。这种财务管理机构适用于一些大型酒店集团或跨国公司。这种机构已不只是发挥企业的财务管理职能,而是发挥对众多酒店集团进行整体财务管理的职能,这种财务机构通常又称作财务公司。采用法人形式的财务公司,有利于其对外履行筹资和投资的职能。

（四）酒店财务管理的主要特点

酒店作为一个综合性的服务组织,它所提供的商品与其他企业生产提供的商品不同,酒店的产品是为旅游者提供以食宿为主的各种服务,因而酒店财务管理有其自身的特点。

（1）客房商品销售的时间性。酒店是通过提供服务或劳务直接满足宾客需要的,当宾客在酒店消费时,酒店设施与服务的结合才表现为商品。客房销售有着强烈的时间性,如果当天不能实现销售(出租给宾客),则当日的租金收入则永远失去,即客房商品无法实现库存。客房商品销售的时间性,要求酒店财务部门应积极支持营销部门的促销活动,提高客房出租率,增加客房收入。

（2）宾客结算的即时性。酒店为了方便宾客结账,一般在宾客离店时一次性结清应付款,不论宾客何时离店,都应立即办理结账手续,防止出现错账、漏账和逃账。这就要求酒店财务部门必须昼夜提供值班服务,尤其是及时为客人提供入住、货币兑换、离店等各种服务。从这一方面讲,酒店财务管理工作的时间性比一般企业要强。

（3）更新改造的紧迫性。酒店的各类设备、设施是否新颖,对营业状况影响很大,这种情况决定了酒店的资产设备更新周期短,需要经常进行更新和改造,以保持酒店的全新风貌。因此酒店财务管理人员要注意研究各种资产设备的经济寿命周期,寻求最佳更新时机,适时装修改造,以获得更高的资产使用效益。

（4）经济效益的季节性。酒店的经营体现着明显的季节性,这导致酒店经济效益也随之出现明显的季节性波动。结合季节性的特点,酒店应合理进行安排,使淡季不淡,取得最佳经济效益。

第二节　酒店质量管理及创新

一、酒店全面质量管理的特性

(一)酒店各项工作的全面质量管理

服务工作全面质量管理的对象是全面的,即广义的质量概念,不仅要对宾客的需求质量进行管理,而且要对全酒店的各种工作的质量进行管理;不仅要对功能性质量特性进行管理,而且要对经济性、安全性、时间性、舒适性和文明性等方面质量特性进行管理,不仅要对物进行管理,更重要的是对人进行管理。总之,酒店的全面质量管理是对全面质量所进行的管理,要改善和提高酒店服务质量,应该进行综合治理,把宾客需求质量和工作质量全面地抓起来,以工作质量来保证需求质量。明确目标,持之以恒,打好基础,不断改善,这是我们推行服务业全面质量管理首先应该明确的。

(二)全过程的管理

我们所说的全过程,是指服务工作的全部过程,包括服务前、服务中和服务后三个阶段。也就是说,服务全过程不仅是面对宾客进行的服务,而且还包括面对面服务前所做的一切准备工作,以及面对面服务后的一切善后工作。酒店每个部门的服务工作也都有有它自己的三个阶段,都要根据自己的具体情况,认真具体地抓好每一项工作。服务工作的全面质量管理意味着把三个阶段的服务质量都管起来,无论是哪一个环节发生问题,都会破坏整个的服务循环,使服务工作不能正常进行或者产生不良影响,而所造成的损失又常常难以弥补,这一点也是服务工作特点的反映。显然,服务全过程中某一阶段、某一环节、某一作业的质量不能保证,顾客就会不满意。为了使酒店服务达到顾客十分满意的效果,而不是九分、八分满意,就必须实行酒店服务全过程的质量管理。这也包括作决策、计划、组织、调节、协调与控制等全过程的质量管理。

（三）全员参加的管理

从上面讲的全过程的管理我们自然会想到,要做好酒店服务前、服务中和服务后三个阶段的质量管理,绝不是只是面对面为顾客服务的第一线服务人员能够做到的,当然第一线人员是服务的"前方"即"前台",是起关键作用的。但是没有"后方"即"后方"的支持和各种保证、各种准备、各种协调、各种调度,他们是很难做好优质服务的。譬如,一个大酒店在冬天无暖气,夏天无空调,怎样让客房服务员向客人提供舒适的客房服务?餐厅供应的菜式单调或者味道不好,怎样让餐厅服务员向就餐顾客提供美好的享受的餐饮服务呢?卡拉OK的电子设备经常出问题,DJ又不能很好的配合工作,又怎样能向顾客提供好的娱乐服务呢?实际上"前方""前台""后方""后台"是一个整体,"前方""前台"是服务,"后方""后台"也是服务,都需要在各自岗位上付出辛勤的劳动。要采购好、保管贮存好、维护保养好、操作使用好、要协调配合好、要做好思想政治工作等等,才可能向顾客提供优质服务。

我们还必须认识到"前方""前台"的服务对象是顾客,他们要全心全意为顾客服务,要把顾客视为皇帝。"后方""后台"的服务对象是"前方""前台",是为了让"前台""前方"更好地为顾客服务,所以,在全面质量管理中,"下一道工序是用户","前一道工序要为下一道工序服务,要为下一道工序负责"。因此,整个酒店的每一个部门,每一个人员都担负着质量管理的重任,都要求兢兢业业地做好本职工作,以便为顾客服务得更好。全面质量管理体现了酒店全员参加管理、参加服务实践的要求。

（四）科学的管理

当我们明确了质量管理的对象——"全面的质量"，明确了要进行全过程的质量管理，明确了要酒店全员参加管理和实践后，还要知道怎么管、依靠什么管，也就是过河要有"桥"或"船"的问题。这座"桥"或"船"就是全面质量管理行之有效的科学管理的理论和方法。

二、全面质量管理遵循的指导原则

（一）从系统和全局出发的原则

推行全面质量管理，涉及的内容很广，约束条件很多，相关因素交错，问题十分复杂。为了达到更好地为顾客服务的目的，必须从全局出发，把酒店作为一个整体和一个系统，用系统论思想来指导酒店的工作，进行综合性分析和协调，使局部服从整体，眼前服从长远，这样才能使这个系统得到最好的服务效果。实行目标管理，建立质量保证体系都是从这个指导原则出发的。

（二）实事求是讲求实效的原则

管理是科学，科学掺不得半点假。实事求是包含着两层意思：一是要从本单位的具体情况出发，结合实际来推行全面质量管理，不要生搬硬套；二是推行全面质量管理时要用事实和数据来说话，多点科学性，少点盲目性，多点依据，少点拍脑袋、凭经验，只有实事求是，才能取得实效，才能达到推行全面质量管理的目的。

（三）发动群众广泛参加的原则

推行全面质量管理，坚持发动酒店职工一起参加，才能结出丰硕的果实来。这里要注意几点：一是只有领导带头才能把群众发动起来；二是只有不断地加强质量意识的教育才能保证群众的热情；三是只有把服务工作的质量和群众切身利益挂上钩才能持久；四是要有骨干为核心。开展质量管理小组（QC 小组）活动是发动群众最有效的形式。

（四）预防和进取的原则

预防为主的思想是全面质量管理区别于传统质量管理的标志之一。要防患于未然，把服务工作可能产生的差错消灭在服务工作进行之前，消灭在萌芽状态。这就要求我们有一套严格的管理制度、贯彻的方法和检查的措施。仅仅预防为主是不够的，对于服务工作还要采取积极态度，敢于改革，敢于出"花花点子"，敢于创新，使酒店在不断进取中发展。

三、酒店质量管理创新分析

酒店员工的质量意识如何是酒店搞好全面质量管理，做好酒店优质服务的基础。同时质量意识也是酒店职业道德和员工素质的标志。爱国之心，主人翁责任感，爱自己的职业，尊重顾客，社会对酒店服务工作的理解是形成质量意识的重要条件。明确自己工作的职责，努力提高自己的工作能力，严格执行质量标准和作业规范，积极参加质量管理小组活动，开展自检则是强化质量意识的途径。

（一）什么是质量意识

一个足球队要在比赛中获胜必须要有强烈的射门意识。因此，一个人的行为无不受思想的支配，只有具有强烈的射门意识，才会把握住转瞬即逝的战机；才会利用冲、挤、抢、跃等方式直接射门去夺取胜利。一个优秀的指挥家，只有具备了强烈的音乐意识，才会只要走上舞台，举起指挥棒，就会进入乐曲的奇妙艺术境界，身心会不由自主地融会到音乐的旋律之中。他时而前抑，时而下俯，神情激荡，姿态飘逸，随着作品意境和旋律的变化而欢悦、悲伤、振奋、惆怅，每个音符都常常注入了他的满腔激情。这种强烈的音乐意识，使他领悟到，他的工作不仅仅是准确舞动手中的指挥棒，而且还要运用自己丰富的情绪和动作，去启发、引导、调动演奏员的感情，使他们和指挥共同进入作品所创造的深情的意境之中，从而真正地感染听众，达到最佳的艺术效果。

一个酒店的经理在大堂、商场、餐厅巡视时，就好像变得精神更加焕发、耳明眼亮了。他仔细端详和思考着：一个个工作人员、服务员的动作、微笑、衣着、话语，一位位顾客的反应、表情，大堂、餐厅、商场的卫生，商品的陈列，货品的招贴，厅、堂、照明、空调，都会映入他的眼中和脑中。他会以独特的方式在观察着整个房间的气氛是否正常；他会以敏锐的眼光搜索着厅、堂屋内的每个角落是否有问题，工作人员、服务人员的作业是否有问题。这就是酒店经理的质量意识或问题意识。一个优秀的酒店经理，每时每刻都抱着这样一种强烈的质量意识或问题意识，在寻找着各式各样的不合理，而在创造着各式各样的"更合理"，以使顾客在这里会感到更舒适、更满意。

江苏常州柴油机厂以卓越的质量管理工作而闻名全国。他们的产品曾两次得国家金质奖并畅销世界。常柴的成功在于：全厂职工具有强烈的质量意识——"常柴人"的质量意识。他们认为，如果允许零件加工精度超过千分之一毫米，允许一具螺丝稍不拧紧，就等于承认了一个原则：每个人都可以以主观判断代替技术标准和工艺要求，也就是纵容了一种坏习惯——工作可以马马虎虎。一个工厂只要开这个头，产品质量就变得无法控制。"常柴人"还认为，不能仅仅从企业的角度来看质量问题，这样起点太低，有时甚至会轻重倒置；他们把每个细微末节的质量问题，放在"社会"这个坐标系中，确定它的价值，这样就真正理解了质量的含义。有两句话是"常柴人"细细品味过的：中国的前途就在于全民族的质量，人生处处要注意质量，没有质量就没有生活，国家就不会兴旺，就没有前途。"常柴人"清楚地知道：人人都想要提高生活质量，而我们生活的环境，是人们劳动的产物；低质量的劳动,不可能创造高质量的生活环境;当我们向社会提供不合格产品时,就是破坏自己的生活。

现在,我们已经从足球队员的射门意识、指挥家的音乐意识、酒店经理的问题意识、"常柴人"的质量意识,引述了本节的主题。质量意识实际就是人们对质量的看法和认识。我们从事酒店业的服务意识就是:能在自己的工作中自觉地体现出我要为顾客提供最满意的服务,我要用自己的劳动,去为别人创造方便和幸福。

质量意识是职业道德的重要标志。没有强烈的质量意识,就不可能有高尚的职业道德,从而也不可能有优质的服务。尊敬的酒店员工们,当您每天踏入大堂、餐厅、客房的时候,当您每天问候第一声您好、说一声再见等等的那一刹那,您是否意识到,您已经进入了服务的角色、一种美的境界。您的语言、您的形象、您的衣着、您的表情、您的姿态、您的眼神、您的手势、您的心灵都在给人们一种美的享受;您的劳动、您的实践活动,正在创造着社会美。您是否知道,这就是强烈的酒店质量意识,它使您和您的顾客都享受了一种难于用语言形容的快乐。这就是我们常说的"为宾客服务""为人民服务"。

在我们的社会里,在各式各样平凡的服务岗位上,有千千万万的普通人,他们的活动范围和控制权力都很小,却具有朴素但十分浓厚的质量意识。就是这种一点一滴积聚起来,但在头脑中却很根深蒂固的意识,使他们产生了力量,作出了成绩。

(二)形成质量意识的条件

1. 祖国的形象在我的服务中闪光

爱自己的祖国,对自己的祖国怀有最深厚的感情。这是最崇高、最伟大的心灵美!中国人民的爱国主义热情从来就是一种巨大的精神力量。祖国是我们的母亲,母亲美丽、善良,她有锦绣河山、悠久的历史、灿烂的文化、光荣的革命传统,以及光辉的社会主义前程。把祖国牢牢记在心,把自己的形象同祖国的形象连在一起,把热情温暖的服务,温暖人心的语言奉献给您的面前的每一位顾客,这将是对祖国最诚挚的爱和珍贵的奉献。您对这点认识得越真切,越彻底,您爱国的激情就会燃烧得像烈火一样,您的质量意识就会强烈、更强烈,我们的顾客,当然也包括您自己,就会满意、更满意。

2. 我是这里的主人

在自己的家里,您理所当然地具有主人翁感,您时刻会意识到:这个家就是我的家。家的喜、怒、哀、乐都牵动着您的心。家庭在为您创造幸福;您在为家庭增添力量。主人翁感,意味着责任感、自豪感。它是质量意识的核心。

3. 爱自己的职业

爱自己的职业,对自己的职业充满自豪感、责任感,不为社会上的闲言碎语所动摇,坚决而又勇敢地去履行自己对社会的义务,这是一种高尚的心灵和美德。整个社会的美是由各行各业的每一位劳动者,用他们的技能、智慧、勤劳和道德一点一滴塑造出来的。职业分工不过是在不同的岗位去创造美罢了。

把酒店厕所打扫得干干净净,难道不是一种美吗? 一些暖人心的前台、商场柜台的接待服务礼貌用语不也是一种美吗? 古今中外,凡是在事业上有成就的人,无不对自己的事业有着浓厚的感情,在自己的职业中去执着地追求。高尔基说过:"一个人追求的目标越高,他的才能就发展得越快,对社会就越有益,我确信这也是一个真理。"那么,酒店员工强烈、更强烈的质量意识,就应当是在自己岗位的最大的追求。

4. 了解、尊重酒店的顾客

了解顾客,熟悉顾客,热爱顾客,尊重顾客,真心实意倾听顾客的意见,靠"心灵"去感知顾客的动向、市场的需求,并以顾客满意的程度来衡量自己服务的成败,这也是形成质量意识的一个源泉。酒店服务工作的宗旨就是酒店至上,服务第一,就是要全心全意为顾客服务,向顾客提供优质的服务。"我为人人"就是一种对质量意识强烈的追求。这种追求使社会的每一个人都体验"人人为我"的温暖。这样不仅酒店客源会多,而且我们这样的社会就能出现新的文明礼貌、团结和谐、蓬勃发展、蒸蒸日上的局面。

5. 理解产生力量

酒店各级领导要关心和理解尤其是工作服务在第一线的员工,要从各方面去关心他们,理解万岁,对辛苦劳累默默无闻的服务员们的工作的各方面的理解,帮助解决其工作、生活乃至家庭等方面的种种困难,这对他们增强质量意识,做好服务工作,关系极大。

(三)如何强化质量意识

酒店员工如何强化自己的质量意识,可从以下几个方面入手。

1. 努力学习,增强自己的实力

强烈的质量意识就是要把美的服务,通过自己的话语、动作和心灵送给顾客。这就要求自己要有实力、有能力才能达到个人崇高的目的。服务工作既平凡,但又不简单。因为每一次接待的顾客几乎都是一张陌生的面孔:您将用亲切的第一声"您好"先取得他的好感,之后用您一举一动、一言一行,您的心理战术,您的知识去争取他的信任。一次疲劳的旅行变得倦意顿消。这就是您的实力。没有实力,您的质量意识就无法显出来,就无法施展。但是,实力来自学习、学习、再学习,向书本学习,向生活学习,向社会学习,向一切有经验的人们学习。

2. 处理好人际关系

充分了解酒店对自己的要求,自己在酒店全面质量保证体系中的地位、岗位和具体任务,处理好人际关系,这也是强化质量意识的一个重要方面。

3.执行酒店的服务标准和规范

彻底执行酒店的服务标准和规范,使酒店服务工作更有秩序、更合理、更经济、更有节奏、更有效。当然,服务工作还具有以人为对象的特征,执行标准、规范就更要科学化和艺术化。还要在实践中不断地去补充和修订服务标准、规范。这也是强化质量意识的具体体现。

4.积极参加质量管理小组活动

苏联诗人马雅可夫斯基写道:"个人——哪怕是一个非常强有力的人,也举不起一根普通的树木,更不必说,举起一座五层大楼。"是的,集体的力量是巨大的。积极参加质量管理小组活动,通过小组活动,把大家的智慧、能力吸引到创造性的事业中去。当一项质量管理小组的成果问世,并得到顾客承认的时候,您一定会有这样的感觉,我的质量意识增强了,顾客喜欢我了。

5.展开自检活动

为了给顾客提供最满意的服务,为强化自己的质量意识,每位酒店员工都应经常对自己的服务活动进行自我检查,即自检。每一次活动,每一天的活动,哪些方面是成功的,哪些方面是失败的;哪些符合规范,哪些违反了规范;在工作遇到一些什么新情况和问题,自己是怎样处理的,这样处理是否合适,是否更恰当的处理方式,在服务中顾客向我们提出过什么新的建议,我们今后该如何做更为合理等。自检是强化服务质量意识的好办法。

第三节　酒店财务管理及创新

一、酒店预算管理及创新

(一)酒店预算管理的含义

计划是企业管理的首要职能,是用文字说明企业未来经营活动的主要目标和实现目标必须完成的任务。预算就是对计划的数量说明,是把有关经济活动的计划用数量和表格形式反映出来,并以此作为控制未来行动和评价其结果的依据。对酒店而言,预算是用来帮助酒店管理人员规划和控制各项经济活动的重要工具,也是提高酒店管理水平和经济效益的主要工具。要理解预算的含义必须注意以下两点:其一,预算不等于预测。预测是对未来不可知的因素、变量以及结果不确定性的主观判断,预算则是根据预测的结果提出的对策性方案。其二,预算不等于财务计划。从内容上看,预算是一个企业全方位的计划,而财务计划只是涉及财务方面,预算的范围大于财务计划;从形式上看,预算的表现形式多种多样,而财务计划仅以货币测算的部门经营利润减去预测的未分摊费用得出净利润。

（二）酒店财务控制

酒店制定了预算之后,就必须加强财务控制。如果没有控制,预算就没有实际的意义。因此,酒店财务管理应对酒店经营的收支等各方面实施有效的控制以确保预算指标的完成。

1. 建立酒店财务控制制度

酒店实施财务控制,必须首先建立起完善的财务控制制度,使财务控制工作能在组织机构、人事分工、岗位责任等诸方面得到保证。酒店应在各部门之间及部门内部建立起一套行之有效的管理制度,使各部门、各岗位的工作人员既相互联系、相互协作,又相互监督、相互制约,预防舞弊等各种不正常行为的发生。

2. 营业收入控制

（1）一次性结账的收费办法

酒店一般采用一次性结账的收费办法,即宾客一旦入住酒店,就可在酒店内部(除商场等个别消费点)签字赊账消费。酒店应建立起与之相配套的管理办法和控制制度。

（2）营业收入稽核

为防止经营过程中作弊、贪污等不正常行为发生，酒店应建立营业收入稽核制度，确保营业收入的回收，维护酒店的利益。为此，酒店应设立收入核数岗位，以便由收款员到夜审、到日审层层审核，层层把关，保证营业收入不受损失。夜审的目的主要是控制营业收入中的宾客签字挂账，一般在每个营业日结束时进行。日审是夜审工作的继续，它要在夜审的基础上，对前一天营业收入的情况再深入进行全面的检查复核。例如对餐饮收入的核对，需对餐厅服务员开出的点菜单、餐厅菜单、餐厅收款员开出的宾客账单三者进行复核，以防差错。

（3）收款的控制

酒店应加强对各收款点的控制，如对账单的管理，酒店应建立起专人负责账单发放的管理制度，对发出的账单编号登记，对账单存根逐笔逐号进行审核。

酒店信用政策的成功与否，关键就在于这些增加（或减少）的收入和增加（或减少）的费用的具体幅度如何，两者相比的利润到底增加与否及幅度如何，即增量利润（增量收入－增量费用）的大小、正负如何。

一般采用赊销的酒店都有专门的信用管理部门，根据酒店的具体情况，这类部门可由总经理、总会计师、信用经理、前厅经理、餐饮经理等人员组成，由他们来研究决定酒店的信用政策。信用政策一旦确定，就应使与信用工作有关的人员对它充分理解和熟悉，并严格照章执行，以使酒店的应收账款控制有一个理想的结果。

3. 成本费用控制

酒店成本控制是指按照成本管理的有关规定和成本预算的要求，对成本形成的整个过程进行控制，以使企业的成本管理由被动的事后算账转为比较主动的预防性管理。酒店成本控制主要有预算控制、主要消耗指标控制和标准成本控制三种基本方法。

（1）预算控制

成本预算是酒店经营支出的限额目标。预算控制，就是以分项目、分阶段的预算指标数据来实施成本控制。这种方法的具体做法是：以当期实际发生的各项成本费用的总额及单项发生额，与相应的预算数据相比较，在业务量不变的情况下，成本不应超过预算。这里，由于考虑到现实的情况与预算预计的情况有时并不绝对一致，因此就往往需要事先进行几个不同业务量水平上的预算数据的测算，编制出弹性预算，以使成本的实际发生额和预算数额两者便于比较，而不能仅只有某一种业务量水平上的预算数据。当然，在弹性预算中，只有业务量和变动成本的变化，固定成本仍保持不变。因此，一般就以变动成本随业务量变化而变化的幅度为依据，来确定弹性预算中业务量数值的档距。

（2）主要消耗指标控制

主要消耗指标是指对酒店成本具有决定性影响的指标。主要消耗指标控制，也就是要对这部分指标实施严格的控制。只有控制住这些指标，才能确保成本预算的完成。例如，如果客房物料消耗失控，就很难再完成成本预算目标。

控制主要消耗指标，关键在于这些指标的定额或定率，不但定额或定率本身应当积极可行，而且一旦指标确定，就必须严格执行。此外，除这些主要消耗指标以外的其他指标，即非主要指标，也会对酒店的成本发生影响。因此，在对主要消耗指标进行控制的同时，也应随时注意非主要指标的变化，一旦主要指标相对稳定，或是非主要指标变化加大，那么控制非主要消耗指标的意义就更大。

（3）标准成本控制

标准成本是指正常条件下某营业项目的标准消耗(注：只包括营业成本与营业费用，不分摊到部门的管理费用、财务费用除外)。标准成本控制，也就是以各营业项目的标准成本为依据来对实际成本进行控制。采用标准成本控制，可将成本标准分为用量标准和价格标准，以便分清成本控制工作的责任。由于用量原因导致实际成本与标准成本产生差异,应主要从操作环节查找原因;由于价格原因导致实际成本与标准成本产生差异,则应主要从采购环节查找原因。

例如,对某一时间段某一种餐饮原材料成本进行检查,就可从价格和用量两个方面入手。从价格方面看,应检查标准价格(预计价格)和实际价格(采购价格)两者相比的差异情况,而后再进一步分析是何原因产生的差异,是工作失误(如事先估计不足、临时采购、市场行情了解不够等),还是不可避免的客观因素(如物价上涨、自然灾害等)。从用量方面看,应将该种原材料的实际用量同按标准应消耗的用量进行比较。即先将某个时间段使用该种原材料的餐饮制品全部列出,根据每一种餐饮制品中该原材料的标准用量和这一时间段内该种餐饮制品的销售量,得出按实际销售情况,该种原材料应该消耗的用量。再用倒挤成本的办法推算出该时间段内该种原材料的实际用量,即:

本期实际用量 = 期初盘存 + 本期进料 – 期末盘存

最后通过实际用量同按标准应该消耗的用量相比较,确定差异后再进一步分析其原因,是所定标准不当,还是操作失误,还是其他原因。当然,若采购的原材料规格不符合要求,也可能导致成本的差异。

又如,客房标准(目标)成本的计算:

$C = b \times (1 - tr) - m/x$

计算式中:C 为客房标准(目标)成本(指客房所有的成本费用),b 为平均房价,tr 为营业税金及附加的税率,m 为目标利润,x 为累计出租客房间数。

例题:假设某酒店有客房 168 间,平均房价 400 元,平均出租率 60%,目标利润 1030 万元,营业税金及附加的税率 5.56%,则每间客房每天的标准(目标)成本如下:$C = b \times (1 - tr) - m/x = 400 \times (1 - 5.56\%) - 10300000 \div (168 \times 60\% \times 365) = 97.41$(元)

以上是成本控制的主要方法。应当指出的是,酒店成本控制除了对消耗阶段的控制以外,还应注意加强材料物资采购、库存阶段的控制,即对材料物资的进货价格、到货验收、储存、盘点等一系列环节进行严格管理,以使酒店对成本的控制更加全面、完善。

4. 酒店量—本—利分析法

酒店量—本—利分析法是饭店成本费用控制方法中常用的一种方法,也是管理者必须掌握的一种基本方法。量—本—利分析又称"保本点分析"或"盈亏临界点分析",其目的是确定饭店经营的盈亏临界点(即保本点)。所谓盈亏临界点是饭店营业收入和营业支出正好抵消,不盈也不亏的分界点。确定饭店盈亏临界点能预测饭店未来的经营情况,如饭店接待多少人数和收入达到什么水平才不盈不亏;当饭店收入达到一定水平时,能盈利多少;饭店要达到预测利润目标应有多少收入。

边际成本,通常是指产品生产中的直接成本或经营成本中的变动成本。边际利润,是指企业的营业收入扣除税金和边际成本以后的余额。其计算公式为:

边际利润 = 营业收入 – 税金 – 边际成本

边际利润率 = 边际利润 / 营业收入 ×100% =1– 变动成本率 – 税率

基本公式:

盈亏临界点一般可以通过计算求得,其公式为:

盈亏临界点接待量(保本销售量) = 固定成本总额 / 边际利润率

盈亏临界点收入(保本营业额) = 固定成本总额 / 单位边际利润

饭店经营不只是为了保本,而是要以收抵支,取得盈利。在盈亏临界点公式的分子上加上目标利润,就可得到为实现目标利润所应有的营业额或接待量的计算公式,即:

目标接待量:(固定成本总额 + 目标利润) / 单位边际利润目标营业额 = (固定成本总额 + 目标利润) / 边际利润率

例:某饭店报告期望营业收入 600 万元,固定成本 280 万元,变动成本 150 万元,目标利润 135 万元,营业税税率 5%,求盈亏临界点收入及目标营业额。

边际利润率 =1–150 万 /600 万 × 100% –5% =70%

保本营业额 =280 万 /70% =400 万元

目标营业额 =(280 万 +135 万)/70% =592.86 万元

量—本—利分析在实际工作中运用广泛,尽管实际工作中未来众多的不确定因素不可能完全排除,但运用这一方法就能使不确定因素减少,使饭店管理工作具有一定的预见性和主动性,使管理更趋合理。

二、酒店财务分析及创新

(一)酒店财务分析的一般程序

财务分析是一项复杂的工作,所涉及的内容十分宽泛。不同的财务分析主体可能会运用不同的财务分析方法,达到不同的分析目的。一般而言,财务分析需要经过以下几个步骤:明确分析目的并制订分析方案,收集相关信息,分析各项指标,做出分析结论并写出分析报告。

明确分析目的并制订分析方案。财务分析的目的依分析主体的不同而不同。投资者的分析目的主要是分析投入资金的安全性和盈利性;债权人的分析目的主要是分析供应资金的保障程度如何;政府的分析目的主要是分析酒店经营运作的情况、社会责任的履行情况等。在明确了分析目的之后,要根据实际情况,如分析问题的难度、分析工作的复杂程度等制定分析方案,是全面分析还是重点分析、是定量分析还是定性定量相结合分析,要列出具体需要分析的指标,安排工作进度,确定完成时间等。

收集相关信息。分析方案确定后,要根据具体的分析任务,收集分析所需的数据资料。前面已经指出,财务分析的依据包括内、外部资料。因此,一般收集的内容应包括财务报告、各种会计资料、市场占有率、宏观经济形势信息、行业情况信息等。

分析各项指标。根据制订的分析目标,运用所收集到的相关信息,计算出各项指标。深入研究各项指标,并将每一指标与同行业标准、不同会计年度的指标进行对比,分析其中存在的问题。

做出分析结论并写出分析报告。由于经济活动的复杂性和外部环境的多变性,在综合分析各项指标之后,需要对分析结果进行解释,并结合各项非财务信息,如宏观经济环境的变化、竞争对手的情况等,撰写分析报告,提供对决策者有帮助的会计信息。

（二）酒店财务分析的方法

进行财务分析时,要讲究方式与方法。为了全面反映酒店的财务状况和经营成果,达到财务分析的目的,就要选择恰当的分析方法。这里介绍几种常用的分析方法。

1.比较分析法

比较分析法是通过主要项目或指标数值变化的对比,确定出指标间的数量关系或数量差异,从而达到分析目的的一种方法。比较分析法是财务分析最基本的方法,也是运用范围最广泛的方法。比较分析法的意义在于,通过确定指标间的数量关系和存在的差距,从中发现问题,为进一步分析原因、挖掘潜力指明方向。比较分析法的形式多种多样,既可以是绝对额的比较,又可以是相对额的比较,既可以是某一酒店不同年度的比较,又可以是不同酒店同一年度之间的比较。不同的分析目的,有不同的比较标准,所采用的比较分析法的形式也是不同的。一般常见的比较标准有以下几种:

（1）实际指标与预算指标相比较

将本期的实际指标与预算指标相比较,由此可以看出预算指标的完成情况,考核酒店本期的经营业绩。但是,这种比较分析方法要求制定科学和切合实际的预算指标,否则在此基础上进行的财务分析是无意义的。

（2）实际指标与前期实际指标或历史最好水平相比较

通过这种动态对比，可以了解酒店经营过程中的规律和薄弱环节，有利于改善酒店经营管理。适用比较分析法的指标很多，计算方法基本上是相同的。以本期实际指标与前期实际指标比较为例，可以按照以下两个公式进行计算分析：

实际指标较前期指标的增减变动数额 = 本期实际指标 – 前期实际指标

实际指标较前期指标的增减变动率 = 增减变动量 / 前期实际指标 × 100%

例：A 酒店客房部 2005 年 12 月的实际收入为 120000 元，2004 年 12 月的实际收入为 100000 元，比较这两个月的收入情况：

① 2005 年 12 月的实际收入比 2004 年的实际收入增加了 20000 元，即

120000–100000=20000（元）

② 2005 年 12 月的实际收入比 2004 年的实际收入增长了 20%，即

20000 ÷ 100000 × 100% =20%

这种分析方法计算简便，而且可以直观地看出酒店的经营业绩或财务状况的变动情况。但是，需要注意指标的可比性，即指标的时间长短和经济内容必须一致，否则不具有可比性。

（3）本期的实际指标与同行业平均水平或先进水平相比较

将本期的实际指标与同行业平均水平或先进水平相比较分析，发现存在的差距并分析原因，进而提出解决问题的措施，有利于提高酒店的市场竞争力。

2. 因素分析法

因素分析法是根据指标与其影响因素的关系，从数量上确定各因素对分析指标影响方向和影响程度的一种方法。采用这种方法关键在于，确定影响指标的各个因素，并确定各个因素对指标产生影响的程度。在分析时，假定其他各个因素不变，顺序确定

每一因素单独变化对指标产生的影响。因素分析法又具体分为：

（1）连环替代法

连环替代法是将指标分解为可计量的因素，并根据因素之间的依存关系，按顺序将各因素的标准值用分析值代替，据以测定各因素对分析指标的影响程度。其分析程序如下：

①将指标分解为若干个影响因素，分析指标与影响因素的关系，按照它们之间的依存关系排列，将主要因素排在前面，将次要因素排在后面。

②按照分解后各因素的顺序，计算标准值。

③以标准值为计算基础，按顺序用各因素的分析值分别替换标准值，每次只替代一个因素，替代后分析值被保留下来，替换过程直到所有的标准值都被分析值所替代为止。

④将每次替换结果与这一因素被替换前的结果相比较，其差额即为替换因素对指标的影响程度。

⑤检验分析结果，将所有因素的影响额加总，其代数和应等于分析值与标准值之差。

例：A 酒店餐厅部 2005 年 12 月某种油炸食品作料费用的实际数额为 5760 元，而其计划数为 5000 元，实际数比计划数多支出 760 元，要求分析作料费用增加的原因。作料费用是由生产食品的数量、单位食品耗用量和作料单位价格三个因素共同决定的。因此，在分析作料费用增加的原因时，要将这一费用分解为三个因素，然后逐一分析它们对总费用的影响程度。假定这三个因素的数值如表 6-1 所示。

表 6-1　食品费用构成表

项目	单位	计划数	实际数
生产食品的数量	公斤	100	120
单位食品耗用量	克	10	3
作料单位价格	元	5	6
总费用	元	5000	5760

根据表中资料,运用连环替代法,计算分析各因素对作料费用增加额的影响金额:

计划指标:$100 \times 10 \times 5 = 5000$(元)①

第一次替代:$120 \times 10 \times 5 = 6000$(元)②

第二次替代:$120 \times 8 \times 5 = 4800$(元)③

第三次替代:$120 \times 8 \times 6 = 5760$(元)④

生产量增加的影响:②－①$= 6000 - 5000 = 1000$(元)

材料节约的影响:③－②$= 4800 - 6000 = -1200$(元)

价格提高的影响:④－③$= 5760 - 4800 = 960$(元)

全部因素的影响:$1000 - 1200 + 960 = 760$(元)

(2)差额分析法

差额分析法是连环替代法的简化形式,其分析原理与连环替代法相同,只是在分析过程中稍有不同。它直接利用各个因素的比较值与基准值之间的差额,计算各因素对分析指标的影响。

例:

以上例数据为例,运用差额分析法分析作料费用增加的原因。

①生产量对总费用的影响为:$(120 - 100) \times 10 \times 5 = 1000$(元)

②材料节约对总费用的影响为:$120 \times (8 - 10) \times 5 = -1200$(元)

③价格提高对总费用的影响为:$120 \times 8 \times (6 - 5) = 960$(元)

全部因素影响为:$1000 - 1200 + 960 = 760$(元)

(3)比率分析法

比率分析法是通过计算有内在联系的两项或多项指标之间的关系,来确定酒店经济活动变动程度的一种分析方法。比率分析法将分析的数值转化成相对数后进行比较,并从中发现问题。比率分析法相对其他分析方法而言,计算简便,计算结果比较容易判断,因而它是较为常用的一种分析方法。常见的比率指标有以下几类:

构成比率,又称结构比率。它是用来计算某项财务指标的各组成部分占总体的比重,反映部分与总体的关系。用公式表示为:

构成比率:某个组成部分数值 / 总体数值 $\times 100\%$

效率比率。它是用来计算某项财务活动中所费与所得的比重,从而确定投入与产出的关系。如成本利润率是指一定时期的利润总额与成本费用总额的比率,表明酒店在一定时期为取得利润而付出的代价大小。

相关比率。它是用来计算除部分与总体、投入与产出关系以外的具有相关关系指标的比率。如资产负债率是指酒店负债总额与资产总额的比率,反映酒店长期偿债能力的大小;流动比率是指酒店流动资产与流动负债的比率,反映酒店短期偿债能力的大小。

使用比率分析法时,需要注意以下几个问题:首先,对比指标应具有相关性。即在构成比率指标中,部分指标必须是总体指标这个大系统中的一个小系统,小系统同时是大系统的组成部分,相互之间具有相关性,才可以相互比较。对不相关的指标进行比较是无意义的。其次,对比指标的口径应一致。即在构成比率的指标中,必须在计算标准、计算时间、计算范围上保持一致。最后,衡量标准应具有科学性。即在进行财务分析时,需要选用科学合理的标准与比率相比较。通常科学合理的标准有:

(1)预定目标,如预算指标、定额指标等。

(2)历史标准,如上期实际水平、历史先进水平等。

(3)行业标准,如行业平均水平、国内同类酒店先进水平等。

(4)公认标准。

(5)综合分析法

综合分析法即对企业的财务状况和经营业绩进行综合分析与评价的方法。有两种主要方法:

杜邦财务分析体系。杜邦财务分析法就是利用几种主要的财务比率之间的关系来综合分析企业财务状况的方法。它将企业的财务状况作为一个系统进行综合分析,反映了企业财务状况的全貌。

财务状况综合评价。财务状况综合评价是将若干财务比率综合在一起进行系统分析,以评价企业的整体财务状况。

第七章　酒店安全与信息管理

　　酒店的安全是住店宾客的第一需要,是酒店经营管理的基本要求。酒店所有的设备设施、规章制度、服务程序的设定都必须以安全为第一准则。酒店安全管理工作是酒店其他工作的前提和基本保证,是酒店的经营业务得以顺利进行的基础。

　　同时,现代信息技术尤其是计算机技术的广泛应用,对酒店经营和管理产生了深刻的影响,改变着酒店的组织结构和经营管理模式,而且对酒店的经营管理工作提出了更高的要求。在信息化浪潮的影响和推动下,酒店经营管理者不但要掌握科学的管理思想和管理方法,综合运用企业资源,更要有很强的信息管理能力,酒店的信息管理便成了酒店日常管理中不可或缺的重要手段。

　　本章就来探讨这两大层面。

第一节　酒店安全与信息管理概述

一、酒店安全管理

(一)酒店安全管理的含义

　　酒店是为住店宾客及社会公众提供住宿、餐饮、娱乐及休息等的场所,也是酒店管理者开展各项经营活动的场所。酒店安全是酒店开展各项经营管理活动的基础。

　　酒店安全是指在酒店所控制的范围内的所有人员、所有财产,没有危险,也没有其他因素导致危险的发生。酒店安全的概念包括五方面含义。

（1）酒店宾客、酒店职工的人身和财物以及酒店财物在酒店所控制的范围内不受侵害。

（2）酒店内部的服务及经营活动秩序、公共场所秩序以及工作生产秩序保持良好的安全状态。

（3）酒店内部不存在会对酒店宾客及员工的人身和财产以及酒店财产造成侵害的各种潜在因素。

（4）确保酒店的信息网络不被各种病毒及黑客攻击,不会造成酒店网络的安全瘫痪或信息流失,保证酒店网络正常工作,信息正常滚动。

（5）酒店安全是把酒店的各方面的安全因素作为一个整体加以反映,而不是单指酒店某一方面的安全,应确保酒店某部门出现的问题不影响整个酒店的日常运营。

酒店安全管理是指酒店在运营过程中,为了保证宾客、员工、供应商的人身和财产安全以及酒店财物安全而进行的计划、组织、协调、控制等系列活动。酒店安全管理的对象包括酒店所控制的范围内所有人员和所有财物。"所有人员"包括具有合法身份的宾客和酒店职工。"所有财物"包括所有人员带入酒店的财物和酒店本身拥有的财产和物资。酒店安全管理首先是确保"所有人员"和"所有财物"不受侵害;其次是维护酒店良好的秩序状态。对于酒店来说,保证宾客、员工、供应商的生命和财产安全以及酒店财物安全只是最基本的要求,他们的(尤其是宾客的)个人隐私,也要纳入酒店安全管理的范畴。

酒店安全管理是酒店管理的重要组成部分。无论是酒店物质财产、人力资源还是宾客的财物和人身安全,都关系到酒店的经营成败。酒店的安全管理,要以预防为主,须制定可行的安全规则和预案,公布于众并落实。

（二）酒店安全管理的类型

酒店安全问题的来源十分广泛：每个部门有专属的安全问题，员工安全技能的局限会导致安全问题，客人安全素质缺乏会带来安全问题，服务操作中也隐藏着大量的程序性和认识性错误。由于来源广、隐患多，酒店的安全问题并不仅仅局限于消防安全问题和食品卫生安全问题，各种可能在社会上发生的安全问题同样可能会发生在酒店这个"小社会"内部，这使酒店的安全问题显得十分复杂。

1. 火灾安全

火灾是因失火而造成的现代酒店人员伤亡和财产损失的灾害。由于酒店接待设施尤其是酒店建筑费用高、内部设施完善、装饰豪华、流动资金和各类高档消耗品储存较多，且多地处繁华地段，一旦发生火灾，其直接经济损失较高，危害较大。所以说，消防安全是影响酒店安全的首要因素，极易造成人员群死群伤和重大财产损失事故。火灾由于其发生的突发性强、危害性大，可以列为酒店的头号杀手。

2. 犯罪安全

酒店安全问题中，犯罪大多以偷盗为主，可以说盗窃案件是发生在各大酒店中最普遍、最常见的犯罪行为之一。酒店是一个存放有大量财产和物资的公共场所，极易成为盗窃分子进行犯罪活动的场所。酒店客人的物品新奇、小巧、价值高，客人财物在客房内随意存放，酒店的许多物品具有家庭使用或出售的价值等，都成为诱惑不法分子犯罪的动机。

此外，其他犯罪活动也有可能在酒店发生。据央视报道，某市多家高星级酒店出现犯罪分子持刀在客房抢劫现象。事后警方分析，犯罪分子之所以屡屡得手，与酒店安全制度有缺陷有关。由于我国社会制度的优越性，反社会分子及恐怖分子很少出现，但随着近几年国际形势风云变幻，国内也存在着一些影响安定团结的不良因素,在酒店这样的公共场所也有出现恐怖主义事件的可能性,这都应引起酒店安全管理人员的重视。

3. 卫生安全

除了火灾之外,餐饮食品卫生是又一个能够造成大规模人身伤害的酒店杀手。一些酒店在食品采购上把关不严,使用高残留农药蔬菜,劣质海产品加工海鲜以及加工食品生熟不分等,极易给就餐客人造成严重危害。还有酒店后厨安全管理不严,生人可随意出入厨房。工作实践中,曾有酒店将员工餐厅外包给承包者以谋取利润,结果导致员工餐厅饭菜质量的下降和卫生水平的降低,员工餐厅的食品安全难以得到保障。有的酒店员工餐厅还出现采用外餐剩下的下脚料或自助餐剩下的成品现象,虽说从节约成本角度无可厚非,但这就无形中给员工带来消极影响,酒店得不偿失。

另外,酒店的环境卫生问题也不容忽视。酒店前厅、客房、餐厅、康乐中心,环境的整洁程度是酒店企业管理水平的一个重要体现,它们也是酒店客人判断酒店服务水平的一个方面,一定要注意酒店环境卫生这个"脸面工程"。此外,行业实践显示,酒店餐饮和客房极易受到虫害、鼠害等侵扰。虫害、鼠害不仅能够毁坏酒店物品,而且也会传播细菌性疾病或鼠疫等疾病。未经严格消毒或消毒后没有妥善存放的餐具被蚊虫爬过后就会变成一个传染源,而个别酒店客房也曾出现住宿客人物品被老鼠咬坏的现象。所以,酒店一定要做好对虫害、鼠害的预防和控制工作。

4. 设施安全

酒店的设施设备管理是酒店安全中的重要一项。目前,一般大型酒店在锅炉、中央空调、用电设备管理等方面要求严格,操作较为规范,但在一些细节方面还有待加强。

央视就曾经报道了入住酒店客人感染"军团菌"致病事件,其造成的原因就是中央空调风机盘管久不清理消毒,成为致病细菌的聚集传播地,从而影响入住酒店客人的安全。在工程施工方面,野蛮施工、不按操作规程进行焊接、动用明火等也易造成安全事故。

酒店给客人提供的一切用品均应该是安全有效的、完好无缺的。但行业实践发现,不少酒店在这方面做得不够细致。工作中曾出现客人使用的座椅由于钉子突出挂破客人衣服现象。雨雪天气酒店未及时在室外公共通道铺设防滑地毯,造成住宿客人出行时摔伤现象。更让人意想不到的是,一家星级酒店的豪华水晶顶灯在客人就餐时,突然爆炸,碎片击伤客人的面部,给其他客人带来了巨大惊恐。

另外,酒店的设备设施陈旧也会带来安全隐患,如电路老化漏电等,都是值得关注的和需要给予及时解决的问题。

5. 名誉安全

名誉安全指客人住店期间因酒店的行为或他人的行为而受到名誉或人格的损害。例如,由于酒店有卖淫嫖娼或赌博等不良现象或行为存在,会导致其形象不良而使入住该店的客人被误认为同流合污者,而使客人认为入住此酒店很不光彩,甚至很羞耻,客人名誉受损,人格也可能受到伤害。

另外,名誉安全还包含要保护客人的隐私安全。隐私安全指客人的一些个人生活习惯、爱好、嗜好甚至一些不良行为和生理缺陷的安全保障问题。客人住店期间,或在消费中,或在被服务过程中,有时会无意间流露出难以启齿的个人生活中的一些嗜好、不良习惯与行为,甚至一些生理缺陷。这些隐私如果外泄,会影响到客人的人格甚至影响到客人的工作。因此,酒店服务员有责任为客人保守秘密和隐私,使客人能够放心、无拘束地消费与生活。

6. 心理安全

心理安全是指客人在入住酒店后对环境、设施和服务的信任感。有的时候,虽然客人的人身和财产并未受到伤害和损失,但客人却感到有不安全因素的威胁,存在一种恐慌心理,比如设备安装不牢固,电器设备有漏电现象,楼层有闲杂人员等。另外,客人来到陌生的城市和环境,强烈的陌生感也会让客人有不安全的恐慌心理。

此外,从保障客人的合法权益来说,酒店的员工有责任和义务为客人保守秘密和隐私,不要轻易将客人的房号等信息告诉外来人员,让客人在心理上获得安全感。

7. 其他安全

除了上述常见的酒店安全问题,酒店还存在其他的一些安全隐患,如打架斗殴事件、黄赌毒等不法活动。其中打架斗殴多发生在酒店的娱乐场所,像卡拉 OK 厅、酒吧等,娱乐场所内的打架斗殴容易殃及其他客人,不仅可能对客人造成身体上的伤害,也可能会使酒店企业蒙受经济财产和名誉上的损失。黄赌毒是指在旅游娱乐场所发生的卖淫嫖娼、赌博、吸毒等严重损害身心健康的不法活动。高级酒店的咖啡厅、酒吧间、美容室等一度成为妓女集结地,酒店的住客常受到妓女的电话骚扰,干扰客人的正常休息,不仅会影响酒店的声誉,还会使客人闻而却步。

（三）酒店安全管理的内容

酒店的安全管理是指酒店为了保障客人、员工的人身和财产安全以及酒店自身的财产安全而进行的计划、组织、协调、控制与管理等一系列活动的总称。这些活动既包括安全的宣传与教育,安全管理方针、政策、法规、条例的制定与实施,也包括安全防控、管理措施的制定与安全保障体系的构建与运作。酒店安全管理的主要内容具体可以概括为:保障客人的安全、保障员工的安全和保障酒店的安全。

1. 保障客人的安全

保障客人的安全,是酒店安全管理的主要任务。要保障客人的安全,首先必须对客人的安全有一个全面的认识。一般来说,客人的安全主要体现在以下三个方面。

（1）保障客人的人身安全

保障客人的人身安全,就是保障客人的人身不受伤害。这是客人最基本的心理要求。造成客人人身伤害事故的因素主要有社会局势、自然灾害、公共治安、酒店设备设施安装不当以及火灾、食物中毒等。

（2）保障客人的财产安全

财产安全是指客人入住酒店后,随身所带的一切财务的安全以及委托酒店代为托运、保管的财务安全。客人的财产损失一般来自火灾事故、盗窃案件和酒店工作中的差错。

（3）保障客人心理上的安全感

客人心理上的安全,实际就是客人入住酒店后对环境、设施、服务的一种信任感,虽然客人的人身并未受到伤害,财产也未损失,但客人却时时感到有不安全的威胁存在,产生一种恐慌心理。主要表现在:一是设施、设备安装不合理或不牢固,如冷热水龙头装反、电器设备漏电、空调噪声过大、餐厅地砖不防滑等;二是收费不合理,价格不公道,使客人有被"敲竹杠"之感;三是服务人员服务不当,如不敲门进房,随便翻动客人的东西,不恰当的询问,不科学的会客服务方式,不负责任的查房等;四是酒店气氛过于紧张,如禁止通行、闲人免进、此路不通的标牌随处可见,保安人员表情严肃、态度生硬;五是酒店缺乏必要的防盗和消防设施。心理上的安全感从某种意义上说,比前两项更为重要,但也最容易被忽略。

2. 保障员工的安全

保障员工的安全,是酒店业务活动顺利进行并取得良好效益的基本保证。保障酒店员工安全的内容主要包括以下几个方面。

（1）保障员工的人身安全

保障员工的人身安全,就是保障员工的身体健康,使员工的人身不受伤害。一般来说,影响员工身体健康,造成人身伤亡事故的因素主要有三个方面:一是由于设备维护或操作不当造成的工伤事故,如跌伤、扭伤、割破、烧伤、烫伤、触电等;二是由于劳动保护措施不当引起的各种疾病；三是客人中的个别不法分子无理取闹殴打员工致伤等。

（2）保障员工的合法权益

酒店为了正常运转，提高服务质量和经济效益，必须制定严格具体的规章制度。如有的酒店规定在任何情况下都不能和客人争吵，因此，员工在工作中难免会受到各种委屈和侮辱。因此，作为酒店的管理者和安全部门必须坚持依法办事，主持公道，保障员工人身权利不受侵犯，人格不受侮辱。

（3）保障员工的道德情操

涉外酒店是以接待外国人、外籍华人、华侨、港澳台同胞等为主要对象的行业。随着这些客人的到来，一些西方社会不良的思想、道德、习惯等不可避免地会对酒店员工的思想和行为产生影响。若不加管理，就可能造成严重的后果，如员工出卖国格、人格等行为。所以，如何采取有效措施，防止员工道德情操扭曲，也是员工安全管理的重要任务。

3. 保障酒店的安全

酒店企业内部的安全环节千头万绪，安全管理工作较为琐碎，难度也较大，涉及诸多方面，如安全管理规章制度的制定、安全管理机构的建立、安全设施设备的配置、防火防盗以及其他的一些安全管理。保障酒店的安全，还表现在为了维护酒店的形象不受破坏而进行的一系列工作。如有的客人在公共场所酗酒、大声吵闹、衣冠不整等不雅行为举止严重影响酒店的格调，损害酒店的形象，酒店的保安人员对此必须及时加以阻止。其次表现为保障酒店的财产不受损失。如讨偿欠款，防止和追查漏账、逃账，预防和打击内偷外盗行为等。

二、酒店信息管理

酒店在经营管理过程中接受并产生大量的信息，这些信息随时产生，并且非常复杂。面对酒店通信方式现代化、兑付方式多元化、客人需求多样化等各种新挑战,酒店信息管理已成为现代酒店经营管理的一项重要内容。

（一）酒店信息的含义

酒店企业作为一个经济主体,参与复杂的经济活动,不可避免地要与客源市场、供应商、上级主管部门和其他相关部门、新闻媒体等相关行业发生联系,并时刻与酒店的外部环境进行信息和物质的交换;与此同时,酒店内部又有人事、财务、前厅、餐饮、客房、保安等部门相互衔接,人、财、物、信息相互配合,以完成酒店企业的共同目标,因此必须界定酒店信息所包括的内容,才能进一步研究管理酒店信息的范围。酒店信息有广义和狭义之分。

广义的酒店信息是从满足酒店企业经营管理信息需求的角度,以酒店作为信息的接受者来界定酒店信息的含义。包括酒店企业自身日常业务活动中所产生和输出的信息,也包括酒店经营管理决策所需的客源市场、原材料市场、各种资源市场,各个竞争对手状况以及与此相关的社会经济活动的有关信息。

狭义的酒店信息是指酒店经营管理业务活动中所产生的各种输入、输出信息,如酒店前厅接待过程中的客人姓名、性别、国籍、结算方式等。该过程中的各种信息为酒店中、高级管理者提供管理依据和决策支持。

（二）酒店信息的特点

1. 目的性

酒店信息的收集、加工、发送、传递都是人的一种有目的的行为,并且这些信息都会明确地反映酒店经营管理的某一方面,具有很强的针对性。酒店信息必须避免无意识、无目的管理。

2. 价值性

信息经过收集加工整理后通常会对酒店的经营活动产生影响,高质量的信息有可能还会给酒店带来一定的经济效益,这样的信息也就有了一定的价值,信息价值大小决定于获得信息的成本和它所能产生的经济效益之比。获得信息的成本越少,带来的经济效益越高,则信息的价值性越大;反之价值性越小。

3.真实性

酒店管理者接收信息的目的是对酒店经营管理过程作出正确决策及正确行动。信息的真实与否关系到酒店经营活动的成败。但酒店信息具有鲜明的社会性,它往往不是原始状态,受到收集、加工、传递、接收、处理等参与者主观因素的影响。正确掌握信息特征,科学合理地选择信息加工、处理及分析方法是保证信息真实性的有效途径。

4.系统性

酒店是一个部门、业务繁多的组织,但为其服务的对象和业务的种类相对来说是固定的,因此酒店信息传递的程序也是比较有条理化、系统化的。这个特征表明酒店各部门、各部分之间相互依赖,相互协作,形成一个整体,而其内部信息则以财务信息为主线,客房信息和客人信息为辅助,形成一个有机整体。

5.时效性

时效性是酒店信息的重要特征。一个临时住店客人的姓名、习惯、消费信息,同一个长住客人的相关信息的时效性有很大区别。对酒店的经营决策、管理活动会产生不同的影响。

6.经常性

酒店各部门管理者和服务人员每天要进行大量的服务工作和劳动,具体的事务或结果都将记录下来。例如,每日客房卫生检查记录、餐厅客人用餐记录等。

7.广泛性

酒店管理的各部门甚至各个环节都有其相关业务的数据信息,通过这些数据资料的整理分析,就可对各部门经济责任制和管理的好坏做出全面、正确的评价,从而提高管理水平。

8. 群众性

酒店数据信息范围广泛,涉及组织系统中的各部门、各班组、各环节。因此,只靠专门统计人员是不行的,必须有各部门、各岗位的兼职人员参与,而且要把原始数据采集落实到人,建立原始数据记录网络,以保证原始记录的准确性和及时性。

(三)酒店信息的分类

酒店的经营管理活动非常复杂,为其提供的信息在质量和形式上多种多样,信息发生和生成过程也不尽相同。下面从不同角度对信息进行分类。

1. 按信息产生的环境划分

按信息产生的环境,分为酒店内部信息和酒店外部信息。酒店内部信息指产生在酒店内部、与酒店的内部管理和业务运转有关的信息。根据酒店的经营管理过程,酒店内部信息又分为前台信息与后台信息。前台信息是以客人入住管理为核心,在前台服务接待过程中获取和产生的信息。后台信息是为了确保为客人提供的各项服务能够正常开展,后台保障过程中的人、财、物等资源投入与耗用信息。外部信息是产生于酒店组织体之外的有关酒店产品质量、市场等方面的信息。外部信息反映着酒店的外部形象,是反映酒店经营情况的晴雨表。对外部信息,酒店可通过宾客反馈、市场调查、信息追踪等手段来获取。

2. 按照信息产生者和发出者的来源划分

按照信息产生者和发出者的来源划分,可以将酒店信息划分为客房信息(如房价、客房出租率、客房状况等)、客人信息(如客人姓名、职业、习惯、消费状况等)、财务信息(财务信息是一种动态的连续性的复杂信号,如账号、消费额、各种财务报表、汇总、经济分析等)、员工信息和工程设备信息等。

3. 按信息的作用划分

按信息的作用可分为决策信息、监控信息和作业信息。决策信息是为酒店决策人员进行长远战略计划的信息,它包括酒店内、外部信息以及酒店经营环境构成、政治、技术、经济等各个方面情况。监控信息指用于对酒店系统正常运转时进行校正、控制的信息。它包括计划、指标以及系统输出情况的各种反馈信息。作业信息指维持酒店系统日常业务活动所需的信息,包括物资库存数、房间数、客房预订数等。

4. 按照数据信息共享程度划分

按照数据信息共享程度划分,可分为共享信息、部分共享信息和非共享信息。一般说来,基本的业务信息都属于共享信息,某些管理信息属于部分共享信息,涉及酒店商业机密的信息属于非共享信息。

5. 按照数据信息共享范围划分

按照数据信息共享范围划分,酒店信息可分为:前厅部业务信息、客房部业务信息、餐饮部业务信息、销售部业务信息、财务信息、工程部业务信息、人力资源信息、员工培训信息和其他部门业务信息等。通过这种分类,可以比较明确、细致地反映出酒店经营管理过程中各业务部门的活动、特点及其规律性,并在此基础上进行各种对比分析。

第二节　酒店安保、消防及突发事件管理

一、酒店安保管理

(一)安全保卫部

1. 安全保卫部职责和权限

安全保卫部在总经理的领导和旅游、公安等机关的业务指导下进行工作(以下简称"安保部")。保安人员要选用政治素质较

高,业务、身体素质较好,热心安全保卫工作者担任。安全保卫部门主要领导的更换,应报旅游行政管理和当地公安机关备案。各旅游涉外安全保卫部应及时沟通信息,加强区域性协作。

2. 安全保卫部履行职责

(1)维护酒店的治安秩序,监督执行安全保卫规章制度,检查、考核安全保卫责任制的实施,建立和管理安全保卫档案。

(2)了解和熟悉酒店周围的环境、建筑布局、建筑结构、电器设备、火源、火种和经营运转管理等情况,建立健全检查和巡视制度,加强要害部位的安全保卫措施。

(3)开展并做好法制和各项安全保卫知识的宣传教育工作。配合人事部门严格新招员工的政审,做好对新员工的安全培训,负责对外来务工人员的安全考察等专项管理工作。

(4)做好重要接待和活动的保卫任务的安全检查工作。发现不安全因素,及时提出整改意见,或发出《隐患整改通知书》并督促整改。

(5)组建安全保卫网络,定期开展护卫、消防、治保等组织活动。

(6)制订消防突发事件的应急方案,印制和张贴紧急疏散图及防火标志。定期开展义务消防人员的训练活动。

(7)负责查收宾客遗留和私自收藏的反动、淫秽书刊杂志和音像等制品,不得传播,并及时上交公安机关。

(8)检查、督促、考核治安、消防、保卫和食品卫生责任制落实情况。在总经理的领导下,认真执行奖惩制度,做到奖惩分明。对需给予治安处罚的,应报公安机关处理。

3. 安全保卫部权限

(1)积极协助公安机关查挖违法犯罪分子,发现旅客正在进行违法犯罪或有违法犯罪嫌疑的,应予制止,并立即报告公安机关。

(2)协助公安机关查破治安事件和刑事案件(包括保护和勘查现场、询问证人),询问违法犯罪人员并追缴赃款、赃物。

（3）协助公安机关监督或考察本酒店被管制、剥夺政治权利、缓刑、假释和监外执行的罪犯以及被监视居住、取保候审的被告人。

（4）对确保酒店安全运转负有监督作用。密切注视掌握内部治安动向，做好安全预防工作。

（5）行使上级和公安机关依法授予的其他权力。

（二）酒店安保设施

为了防止各类自然和人为因素造成的对宾客、员工和酒店的侵害，酒店除了增强安全意识外，还必须配备一定的安全设施设备。安全设施设备是指一切能够预防、发现违法犯罪活动，保障宾客、员工和酒店安全的技术装备，由一系列机械、仪器、器材等组合而成。酒店安全管理的设施设备一般有酒店基本防护设施、酒店钥匙系统、道路交通标志及其设施、闭路监控系统、通信系统和报警系统等。

1. 酒店基本防护设施

酒店的基本防护设施一般包括建筑物、围墙、照明系统、大门或入口等。

2. 道路交通标志及其设施

为了保障酒店旅客与员工在酒店所属范围内的交通安全，酒店往往需要在进出酒店的道路旁边，设置必要的交通标志或设施，如行车线、转弯指示镜、停车标志、减速挡板等。

3. 闭路监控系统

闭路监控系统是酒店为保护客人、酒店的财产而在外围控制方面配置的监控设备，一般由电视摄像机、电视监控房、电视荧屏操作机台和录像机等部分组成。酒店一般会在出入口、大堂、收款台、客房走道和电梯等敏感性位置安置固定的摄像机或电视监控器，通过对这些场所的监控，能较全面地掌握酒店的客流量，人员进出情况,可疑人、可疑事的情况和紧急情况等,并做出及时、有效的反应。但是,由于闭路监控系统具有机械性、被动性等特点,因此在酒店重点部位和关键部位还必须派保安人员加强巡逻。

4. 通信系统

为了对安全问题做出迅速反应,需要有一个能快速通知负责安全工作员工的通信系统。通信系统应能与酒店所有工作区域取得联系。酒店治安通信系统主要有保安专用电话、对讲机等。

5. 报警系统

酒店为了防盗窃、抢劫、爆炸,必须安装报警装置。自动报警系统是由各种类型的报警器连接而成的安全网络系统,主要设置在酒店财务部、收银处、贵重物品寄存处,以及商场的消防通道等区域,用于防盗、防火、防爆报警。目前,酒店常用的报警器有微波报警器、红外线报警器、超声波报警器等远程报警系统,以及声控报警器、磁控式报警器等。

6. 财务安全系统

前台和财务部门会存放现金或有价证券,是酒店安全管理的重点部门,因此财务安全设施或设备的配备也是十分必要的。概括来说,财务安全系统应配备“三铁一响”,即铁门、铁窗、铁保险柜和报警器。

7. 防火系统

消防安全管理是酒店安全管理的重中之重。酒店有各种易燃物品,因此火险隐患较多,并且酒店人员集中,一旦发生火灾事故,人和财物损失不可估量。酒店防火系统一般包括烟雾感应器、自动喷水路、安全通道疏散指示灯、消火栓、灭火装置、紧急疏散信息发布系统和紧急发电机等。

8. 客房安全设施或设备

坚固、安全的门锁和对锁的控制制度是酒店重要的措施,是保护客人的一个关键环节;为了使客人在开房门之前就知道来访者是谁,门上应安装窥视孔,并在每间客房安装电话或其他通信装置,并根据酒店实际,提供房内安全须知。

需要注意的是,酒店安全设备的添置必须结合本酒店的实际情况,同时要不断提高这些安全设施、设备的科技含量。高科技的运用成为衡量酒店竞争力的重要指标之一,同时酒店安全管理也是现代酒店管理的核心内容。要想成功地应用先进的科技管理手段辅助酒店企业的安全管理,不但需要酒店的日常操作模式符合科技的要求,在加强酒店安全设施、设备建设的同时,进一步提高这些设施、设备的科技含量,而且需要有相应的科学管理体系和科技人员配合,使先进的科技有效地服务于酒店企业的运营。

二、酒店消防管理

酒店的消防管理工作主要包括火灾的预防和火警、火灾事故的处理。因为火灾是酒店安全的最大灾难,由于火灾而造成酒店重大损失和人员伤亡的事件时有发生。现代化酒店内部设施完善;建筑费用高,装饰豪华;流动资金和各类高档消耗品储存较多,一旦发生火灾,其直接经济损失非常巨大。火灾发生后不仅给人民的生命财产带来了损害,还会在国内外造成不良的社会政治影响。所以酒店火灾危害极大,酒店消防管理工作十分重要。

（一）消防的基本知识

1. 火灾分类

根据燃烧性质不同,可将火灾分为普通火灾、油火灾、电器火灾和特殊火灾四种。

（1）普通火灾是指纸类、木材、纤维等一般可燃物燃烧的火灾,是最普通和常见的火灾,城乡建筑物火灾多属普通火灾。水或含水溶液的冷却作用对普通火灾的抑制效果最佳。

（2）油火灾是指液体及固体油脂类易燃物燃烧发生的火灾。石油制品、易燃性油脂、液体油漆的火灾都属这一类,对待这类火灾,窒息作用最为有效。

（3）电器火灾是指通电中的电器设备发生的火灾。对于这类火灾的最有效措施是使用电器绝缘性灭火剂。

（4）特殊火灾可分为金属火灾及瓦斯火灾。金属火灾是指钢、钾、镁等活性金属发生的火灾,形成高温,不能用一般的灭火剂,选择特殊的灭火剂才能奏效。瓦斯火灾是指瓦斯燃烧发生的火灾,瓦斯火灾与油火灾相似。

2. 常见的灭火器

（1）酸碱灭火器。它适用于一般固体物质的火灾,但不可用来扑救油类及带电的电器设备火灾。使用时,只需把筒身颠倒过来,上下摇晃几下,筒内液体就会喷出。

（2）泡沫灭火器。它适用于油类火灾和一般固体火灾及可燃液体火灾,但不适用于忌水物质火灾和带电的电气设备火灾。在扑火时,要让泡沫覆盖到火焰上。

（3）二氧化碳灭火器。它是一种适应性广的灭火器,凡是酸碱、泡沫灭火器能灭的火灾都适用,而且还适用于带电的低压电器设备火灾,但它不适用于钾、钠、镁、铝等金属火灾。

（4）干粉灭火器。适用范围与二氧化碳灭火器相仿。

（5）卤代烷灭火器。灭火效力高,约为二氧化碳灭火器的五倍。

上述几种灭火器能灭的火灾都可用卤代烷灭火器,它特别适用精密仪器、电气设备、文件档案资料的火灾。

3. 防火灭火的方法

防火灭火的主要措施是把燃烧三要素(可燃物质、助燃物质和着火源)分隔开来。

（1）防火的办法。减少可燃物质,指室内装修,应当采用非燃或难燃材料,尽可能减少使用可燃材料;预防着火火源,指严格控制明火的使用,维修、施工动用火,需经有关领导批准,并在防火员监督下进行;建立防火分隔,指酒店在建筑时就要按规定,将建筑物按防火要求用防火墙及防火门等,将建筑物分隔成若干防火防烟分区,每层楼之间也要有防火防烟分隔设施,万一发生火灾,便于控制,防止蔓延。

（2）灭火办法。冷却灭火,指将燃烧物的温度降到燃点以下,使燃烧停止;窒息灭火,指采取隔绝空气的办法来阻止燃烧;隔离灭火,指把正在燃烧的物质同未燃烧的物质隔离开来,使燃烧停止;抑制灭火,指用有抑制作用的化学灭火剂喷射到燃烧物上,而停止燃烧。

酒店火灾往往发生在夜深人静之时,此时客人已入睡,值班人员较少,等到发现,往往火势蔓延,不可收拾,造成的财物损失和人员伤亡也更为严重。酒店中常见的失火部位为客房、餐厅、酒吧等,失火原因大多是因用火不慎、余烬未灭而引起。

酒店一旦发生火灾,值班人员要及时报警。报告消防部门和酒店安全部,同时将客梯降到底层,开通消防电梯,电工切断火警地的电线,打开正压风机和水泵等。经领导批准后,向客人通报情况并保证把客人疏散到安全地带。

（二）酒店消防管理

做好酒店的消防管理工作,必须做到计划落实、组织落实、措施落实。要切实落实消防安全责任制,制定防火工作措施;并要配备必要的完好的消防设施,群策群力,共同做好消防管理工作。

1.落实消防安全责任制

根据《中华人民共和国消防条例》的规定,酒店应建立酒店、部门、班组三级防火组织,并确定相应的防火负责人。通常一级防火负责人由酒店总经理担任,二级防火负责人由各部门经理担任,三级防火负责人则由各班组领班担任。

2.制定防火工作措施

酒店引起火灾的原因较多,但以吸烟、使用明火不当、电器设备故障、厨房起火居多。所以,酒店要做好消防工作,必须制定严格的防火措施。

3.配备完善的消防设施

为有效地做好防火工作,酒店消防设备必须现代化。酒店还必须建设安全疏散通道。安全疏散通道要保证畅通,而且必须有足够的数量,每个安全门要能够容纳一定的人数通过,同时标明出口通向外面的最短线路,并要设有照明装置。每个防火分区的安全出口不应少于两个。

在高层建筑的酒店中,电梯是至关重要的输送工具,在发生火灾时,电梯可致人于死地。因为发生火灾时,电梯的升降机井就像毒烟毒气的烟囱,电梯内部温度极高,浓烟弥漫,电梯控制器失灵,致使电梯突然停止行驶,导致客人遇难。为避免这种情况发生,电梯内应有防火控制的装置,一旦发生火灾,防火系统可将电梯送到安全地带。另外,酒店还需配备消防电梯,消防电梯由酒店安全消防部门控制,既可疏散客人,又可运送消防队员、灭火器材等。

报警通信系统要求现代化,应有消防控制中心和报警系统。要配备排烟装置、烟感报警装置、自动喷淋装置等消防设施和器材,并要进行定期检查和启动,保证设施、器材的完好率。

三、酒店突发事件管理

(一)酒店意外突发事故的原凶

(1)酒店方面的原因。包括设施设备的偶然性故障,如停电、停水、线路老化、空调故障等;服务人员或后台人员操作失误等。

(2)顾客方面的原因。包括客人自身在生理和心理上的不适,如突发性疾病;客人自身的不理智和不良行为,如借酒闹事、逃单等。

(3)外界原因。包括自然条件的突变,如恶劣天气等;基础设施的问题,如地区的供电、供水问题;社会性突发问题,如流行性疾病等。

（二）酒店意外突发事故的处理

意外突发事故的处理关系到酒店服务的质量水平和宾客的满意程度,同时也能体现出服务人员的服务能力。突发事件的偶然性要求服务员应具备如下几种处事能力。

（1）稳定的心态。

（2）灵活的思维能力。

（3）独立的处事能力。

（4）较强的应变能力。

在具备了上述的基本条件后,可针对突发事件的性质和种类采取补救、协调、缓和、赔偿、行政手段和法律手段等相应的措施。

（1）补救措施是针对硬件设施和服务行为的不足所引发的突发事件而言的。这些事件会对宾客的安全、心理、需求等方面带来不良的影响,因此需要采取及时的补救措施来消除影响。

（2）协调措施可应用于那些因为环境和服务失衡所引发的突发事件,如等候时间过长、上菜时碰撞了宾客、餐厅突然停电等。这些事件会影响宾客的用餐情绪,应及时采用相应的补救和协调措施来平和其心理。

（3）缓和措施在对待宾客本身原因所造成的突发事件时,较为实用。

（4）赔偿措施常应用于因产品质量而给宾客的精神和物质带来损失的事件,它可体现酒店对客人的歉意和真诚。

（5）行政手段和法律手段,是针对那些严重影响其他宾客消费的恶劣事件而采用的处理方法,如罚款、保安人员劝其离去、联系公安部门处理等。该法可有效地维护广大宾客的安全,保持酒店餐饮服务的正常进行。

第三节 酒店信息采集、分析与传播

一、酒店信息的采集

(一)酒店信息采集的范围

酒店信息可分为客房信息、客人信息、财务信息、员工信息和设备信息。从酒店管理信息系统的现状来看,多为前三种信息,其信息采集范围如图7-1所示。

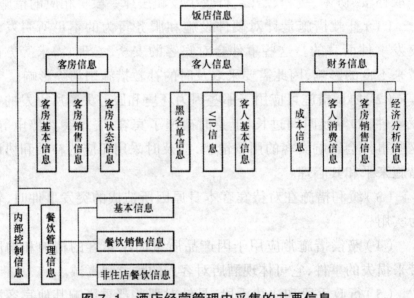

图 7-1 酒店经营管理中采集的主要信息

(二)酒店信息采集系统的组织结构

酒店信息采集系统的组织结构是以财务部为中心(控制),以接待部门为主线,各子系统信息采集既相互独立,又相互联系,如图7-2所示。

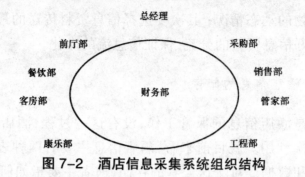

图 7-2　酒店信息采集系统组织结构

二、酒店信息的分析

（一）酒店信息的加工

信息加工是信息处理程序的核心环节，是运用科学方法，对采集的原始信息进行识别、分析、筛选、综合、归类、排序，使之系统化和条理化的过程。

（1）酒店信息的识别与分析

酒店信息的总量浩如烟海，酒店员工尤其是管理人员应该懂得识别和分析信息，可以运用时间回溯法、系统归纳法、类比推测法等，来判别不同信息性质的差异，分析判断其价值，从而找到有利于酒店的信息。

（2）酒店信息的筛选

筛选是对信息进行去粗取精的过程，将内容贫乏、与酒店或部门工作关系不大的信息淘汰掉，尽量保持信息流质的净化和最佳状态。

（3）酒店信息的核实

信息的真实性，直接关系到决策的效果。提供内容真实准确并有较高质量的信息，将有助于酒店正确地指导经营运作和进行科学的决策。

（4）酒店信息的编制

在编制信息时，首先要对信息资料进行分析综合，要分析信息资料的性质，要分析信息资料的代表性、典型性，要分析信息资料反映事物的动态情况;其次要选择信息资料传送的最佳形式;最后要做好信息资料的分流,保证信息流的净化。

（二）酒店信息的储存

存储是酒店信息的保管工作,没有这一过程,酒店信息就不可能被多次利用。就目前来看,酒店信息主要有两种表现形式:文件资料和数据。对于这二者的存储,前者主要指如何做好档案工作,对有保存价值的信息进行严格登记、科学编码和有序排列而进行储存备用的过程。后者指如何进行计算机数据库的管理。信息的储存是通过建立信息库,酒店信息的储存通常采用卷宗储存、胶卷储存与计算机储存方式。不管采用哪种储存方式,酒店信息的储存,都应经过登记、编码和排列过程。

三、酒店信息的传播

（一）酒店信息的传递

信息的传递过程是信息真正发挥作用的过程,信息经过收集、整理、分析、加工与存储等过程后,信息要在酒店各部门之间进行传递,但并不是所有的信息都可以公开传递。根据信息保密的程度,分公开、内部、机密和绝密四个层次,进行不同范围的传递:内部公开性信息一般不宜公开传递,可以在本系统内传递,或者与某些特定的系统交换信息;机密性信息的传递一般只限定在系统内部,应有所选择;绝密性信息的传递一般只限定在某一特殊的范围内进行,并进行严格的保密监督和检查。

信息的整理传递过程从广义来说应该包括反馈过程,信息反馈十分重要,它使信息真正在微观层面上循环流动。

（二）酒店信息的使用

酒店中,信息的使用主要体现在酒店经营活动的管理上,概括起来有以下几个方面。

（1）在前台系统业务活动中的使用。它包括信息查询、预订客房、入住登记结算、客户档案、销售分析等方面的使用。

（2）在酒店后台系统业务活动中的使用。它包括人力资源管理、设备管理、仓库管理、能源控制等方面的使用。

（3）在决策、预测中使用。

（三）酒店信息的维护

保持信息处于使用状态称为信息维护。狭义上说，它包括经常更新存储器中的信息，使信息均保持适用状态；广义上说，它包括系统建成后的全部管理工作：信息维护的主要目的在于保证信息的准确、及时、安全和保密。

第八章　酒店其他管理及创新

酒店在现代经济发展中占据重要的地位,要想对知识经济时代下的酒店企业做好管理,使这些企业成为经济发展的重要增长点,更好地为人们的物质与文化需求服务,就必须要用新环境下的新理念、新思路、新经验来更新陈旧的观念和做法。本章就对酒店的其他管理进行创新。

第一节　酒店伦理与职业道德管理及创新

一、酒店伦理管理

(一)企业伦理观与价值观

1. 企业伦理观

溯本追源,我们大体可以了解到伦理原意为风尚和习俗,后来发展成为调整人与人之间、个人与社会之间各种关系的一种特殊行为规范的代名词,而与道德则几乎成了同义词,引申其义,伦理观,即道德观,就是对于调整人们相互关系的行为原则和规范的总的根本性的看法。

伦理、伦理观是社会意识形态之一,它以善和恶、正义和非正义、公正和偏私、诚实和虚伪等道德概念评价人们的各种行为和调整人们之间的关系;通过各种形式的教育和社会舆论力量,使人们逐步形成一定的信念、习惯传统而发生作用。伦理和伦理观,由一定社会的经济基础所决定,并为一定的社会经济基础服务,永恒不变的,适应一切时代、一切阶级的伦理和伦理观是没有的。那么,什么是企业伦理观呢? 企业伦理观就是对调整企业与职工之间关系的行为准则和规范总的看法,是一般伦理观在企业中的具体运用,它是一种企业意识,其核心是企业价值观。

企业伦理观是企业经营管理理论和生产经营实践的必然产物。在激烈的市场竞争中企业为了求生存求发展并使之充满生机和活力,除了要有一套适应市场经济的经营机制、激励机制、约束机制之外,还必须对企业的道德行为进行规范。企业伦理、企业伦理(道德)观,反映的就正是一定企业环境对人们道德行为提出的客观要求,它从总体上告诫和规范人们应该这样做而不能那样做。

企业伦理观是企业价值观、企业精神的载体,受价值观、企业精神所支配,是一种非制度化的规范和意志,是一种不具强制性的行为规范和意识,具有广泛的适应性。企业伦理观基本内容如下。

(1)为民服务观。

(2)企业义务观和责任感。

(3)国家、企业和个人三者利益有机统一的企业义务观。

(4)自觉的生态的环保观。

(5)诚信无欺的等价交换平等观。

(6)时间就是金钱,效率就是生命的效率观和效益观。

(7)团结、互助、友爱精神。

2. 企业价值观

我们要了解企业价值观的内涵、基本特征、地位和作用,以及构塑等问题,首先要明白什么是价值观。所谓价值观就是价值主体对价值客体的总的根本性的看法。主体和客体是一对相对的认识论范畴,是实践和认识活动的两极。主体客体之间最基本的关系是实践和认识的关系。价值观包含了对价值问题的具体见解看法和基本观点，是一个长期形成的价值观念体系。对企业来讲，价值观为企业生存和发展提供了基本方向和行动指南，它是企业领导者和员工追求的最大目标及据以判断事物的标准。因此，企业价值观含义指的是企业领导者和员工群众对企业价值和人生价值的根本观点，由此形成他们的理想、信念、追求、宗旨和目标，成为支配他们生产、经营、管理等一切活动的总原则。

企业价值的基本特征如下。

（1）企业价值观的直接经济性。

（2）企业价值观的稳定性。

（3）企业价值观的规范性。

（4）企业价值观的非理性色彩。

企业价值观在企业文化中非常重要。

（1）企业价值观是现代企业经营的"金科玉律"，是引导企业经营走上成功之路的航标。

（2）企业价值观的功能与企业文化目的一致性。我们知道培育企业文化的根本目的是要制造一种自主管理、和亲一致的气氛，提供有意义的生活和工作场所，促使员工以高昂士气投入到组织的各种营运中去。企业价值观可以通过其导向、规范、促进、调适、凝聚功用，创造良好和谐的人际和文化氛围，培育企业价值观自身积极向上的意义，使员工把维护企业利益，促使企业发展看作最有意义的工作，从而激发出极大的劳动热情和工作主动性、创造性，加强企业的适应能力和内部协调能力。可见企业文化目的的实现最终离不开企业员工价值观念的转变。企业价值观是企业文化目的得以实现的关键。企业价值观的功能与企业文化目的是一致的。所以企业文化建设始终把方向对准企业价值观这一内核。

（3）企业价值观在企业文化诸要素中处于主导和支配地位。企业文化的构成要素至少包括企业价值观、宗旨、信念、文化活动、形象、行为规范、道标准等。

塑造企业价值观是一项内容繁浩的系统工程。内容包括企业价值意识的生成,企业价值观念的强化,企业价值观的追求以及企业群体人格、企业英模人物的塑造等。

企业价值观塑造总的来说要注意结合各企业文化工程(如福利工程、心理工程)的实施,结合培育企业精神的开展,着重抓好以下几项工作。

(1)要正确处理好对传统扬弃和新观念创造的关系。

(2)要注意选择好企业价值观塑造的生长点和闪光点。

(3)要坚持以人为本,注意做好员工价值观和企业价值观的内在统一。只有坚持以人为本——重视人的地位、人的价值、尊重人格、才能使员工的价值观与企业价值观达到内在统一。为此,在企业价值观塑造过程中,应开辟各种途径,帮助员工认识自我价值和企业价值的关系,树立正确的人生价值观,讲清员工的人生价值观就是为了实现本企业的生产经营目标。为企业为社会为人民服务把员工自己的追求与理想目标与企业、国家人类的目标统一起来,把自己的价值自觉融合于企业价值之内,共同促进企业、社会、国家的发展和繁荣,增强国家的综合实力、国防实力、科技实力、经济实力和中华民族的凝聚力。

(二)酒店伦理管理的内涵

酒店伦理管理是指基于社会普遍伦理需要以及社会伦理文化环境,确立酒店在管理理念、管理制度、管理决策、管理举措各方面的伦理道德规范。伦理学最早运用于酒店行业是对酒店宾主关系的研究。酒店是消费者的"家外之家",顾客的消费体验并不仅仅依赖酒店产品本身,"顾客对酒店的评价以感知为基本方式",顾客经由酒店员工提供的服务获得精神满足,因此酒店从业人员是消费者体验的直接创造者,酒店伦理管理的产生源自对酒店劳动者主体作用的重视,应用伦理学认为伦理管理活动的决定性因素是人的心智而非技术,如何在酒店管理的经济意义中体现诸如人类道德感、尊严感、精神追求等自由伦理意志,是酒店伦理管理的核心问题。

二、酒店职业道德管理

（一）酒店职业道德的内涵

职业道德是指从事一定职业的人们，在职业生活中所应遵守的道德规范，以及与之相应的道德观念、情操和品格。职业道德，一方面调整职业内部人们之间的关系，要求每个从业人员遵守职业道德准则，搞好本职工作；另一方面调节本职业的人们同其他职业的从业人员和社会上其他人们之间的关系，以维护各职业的存在，并促进其职业及整个社会向前发展。社会上有多少种职业，就有多少种职业道德。在任何时候，职业道德都是社会一般道德的特殊表现，是当时社会或阶级的道德在各种职业生活中的具体贯彻和特殊表达。职业道德随着社会分工的出现而形成，同时也随着分工的发展而发展。

酒店职业道德即指从事酒店服务与管理工作的人们在职业生活中所应遵守的道德规范，以及与之相适应的道德观念、情操和品格。

（二）酒店职业道德管理的具体要求

1. 爱岗敬业

爱岗敬业是爱岗与敬业的总称。爱岗是职业工作者对自己工作岗位的热爱，安心从事本职工作，有强烈的使命感和责任感，并能稳定、持久、恪尽职守地做好服务工作。

敬业是指职业工作者认识到了自己本职工作的道德价值和社会意义，具有从事本职工作的荣誉感和自豪感，从而专心致志、兢兢业业地从事服务工作。

爱岗与敬业之间有着密切的关系。爱岗是敬业的基础，敬业是爱岗的升华。爱岗与敬业互为前提，相辅相成。爱岗敬业是职业工作者职业道德规范的重要内容之一，是处理个体与职业之间关系的准则。

2.遵纪守法、廉洁奉公

行政、法律规范是一种带有强制性的要求,违法经营和服务项目的提供者必将受到法律的追究和制裁。道德规范是一种自觉性的要求,违背道德要求的经营行为和服务项目,也会受到社会舆论的谴责。这一规范要求员工遵守业已确立了的行业秩序,执行命令和履行自己的职责,包括法律规定的有关纪律、制度,以及行业和企业本身的规章制度、规程和奖惩措施,一心为公、秉公办事,在处理国家、集体与个人三者之间关系时,将国家与集体的利益放在首位,不徇私舞弊、贪污腐化、索拿回扣等。

3.热情礼貌、优质服务

这一条要求我们必须树立顾客第一的观念,强化服务意识;必须不断地提高自己的服务能力,包括丰富的专业知识、娴熟的服务技能、良好的服务修养;必须热爱和尊重客人;要求员工关心、帮助服务对象,尽可能满足他们的服务需求。总之,要求以宾客为中心,记住三条座名铭:客人就是上帝;客人永远都是对的;永远不要对客人说"不"。并且按照国际上对于SERVICE(服务)一词的内涵要求,做到主动、热情、细心、周到。

例如,"金钥匙"服务是现代酒店个性化服务的标志,是酒店内外综合服务的总代理,它的服务理念是在不违反当地法律和道德观的前提下,使客人获得"满意加惊喜"的服务,让客人从进入酒店到离开酒店,自始至终都感受到一种无微不至的关怀和照料。

第二节　酒店企业文化管理及创新

一、文化

（一）文化的定义

对于普通人来说，文化就可以比作水与鱼的关系，是一种平时都可以使用到、却不知道的客观存在。对于研究者来说，文化是一种容易被感知到、却不容易把握的概念。

对于文化的定义，最早可以追溯到学者爱德华·泰勒，他这样说道："文化或者文明，是从广泛的名族学意义来说的，可以归结为一个复合整体，其中包含艺术、知识、法律、习俗等，还包括一个社会成员所习得的一切习惯或能力。"之后，西方学者对文化的界定都是基于这一定义而来的。

1963年，人类学家艾尔弗雷德·克洛伊伯对一些学者关于文化的定义进行总结与整理，提出了一个较为全面的定义。

（1）文化是由内隐与外显行为模式组成的。

（2）文化的核心是传统的概念与这些概念所带的价值。

（3）文化表现了人类群体的显著成就。

（4）文化体系不仅是行为的产物，还决定了进一步的行为。

这一定义确定了文化符号的传播手段，并着重强调文化不仅是人类行为的产物，还对人类行为的因素起着决定性作用。同时，其还明确了文化作为价值观的巨大意义，是对泰勒定义的延伸与拓展。

在文化领域下，本书作者认为文化的定义可以等同于2001年，联合国教科文组织发表的《世界文化多样性宣言》中的定义：文化是某个社会、社会群体特有的，集物质、精神、情感等为一体的综合，其不仅涉及文学、艺术，还涉及生活准则、生活方式、传统、价值观等。

进入 20 世纪 90 年代之后，很多学者也对文化进行了界定，这里归结为两种：一种是社会结构层面的上的文化，指一个社会中起着普遍、长期意义的行为模式与准则；一种是个体行为层面上的文化，指的是对个人习得产生影响的规则。

这些定义都表明了：文化不仅反映的是社会存在，其本身就是一种行为、价值观、社会方式等的解释与整合，是人与自然、社会、自身关系的呈现。

（二）文化的分类

1. 交际文化与知识文化

文化和交际总是被放到一起来讨论，文化在交际中有着无可替代的地位，并对交际的影响最大，因此有学者将文化分为交际文化和知识文化。

那些对跨文化交际直接起作用的文化信息就是交际文化，而那些对跨文化交际没有直接作用的文化就是知识文化，包括文化实物、艺术品、文物古迹等物质形式的文化。

学者们常常将关注点放在交际文化上，而对知识文化进行的研究较少。交际文化又分为外显交际文化和内隐交际文化。外显交际文化主要是关于衣食住行的文化，是表现出来的；内隐交际文化是关于思维和价值观的文化，不易察觉。

2. 物质文化、制度文化与精神文化

人从出生开始就离不开物质的支撑，物质是满足人类基本生存需要的必需品。物质文化就是人类在社会实践中创造的有关文化的物质产品。物质文化是用来满足人类的生存需要的，只是为了让人类更好地在当前的环境中生存下去，是文化的基础部分。

人是高级动物，会在生存的环境中通过合作和竞争来建立一个社会组织。这也是人与动物相区别的一个地方。人类创建制度，归根到底还是为自己服务的，但同时也对自己有所约束。一个社会必然有着与社会性质相适应的制度,制度包含着各种规则、法律等,制度文化就是与此相关的文化。

人与动物的另一个本质区别就是,人的思想性。人有大脑,会思考,有意识。精神文化就是有关意识的文化,是一种无形的东西,构成了文化的精神内核。精神文化是人类在认识世界和改造世界的过程中挖掘出的一套思想理论,包括价值观、文学、哲学、道德、伦理、习俗、艺术、宗教信仰等,因此也称为观念文化。

3. 大众文化、深层文化与高层文化

人类文化相当于一个金字塔,金字塔底部的是大众文化,金字塔中间的是深层文化,金字塔顶部的是高层文化。

大众文化是普通大众在共同的生活环境下共同创造出来的一种生活方式、交际风格等。

深层文化是不外现的,是内隐的,对大众文化有着指导作用,包括思维和价值观等。

高层文化又称"精英文化",它是指相对来说较为高雅的文化内涵,如哲学、历史、文学、艺术等。

4. 主文化与亚文化

文化一旦产生,就对生活在其中的人有着一定的规范作用和约束力。这是一种约定俗成的力量。一个社会中通常有多种文化,人们最终会按照哪一种文化规范来生活,就要看文化的支配地位了。因此,有人从文化的支配地位的视角,将文化分为主文化与亚文化。

所谓主文化,是在社会上占主导地位的,并被认为应该为人们所普遍接受的文化。主文化在共同体内被认为具有最充分的合理性和合法性。主文化具有三个属性:一是在权力支配关系中占主导地位,得到了权利的捍卫;二是在文化整体中是主要元素,这是在社会的更迭中形成的;三是对某个时期产生主要影响、代表时代主要趋势,这是时代的思想潮流决定的。

相对应的,亚文化是在社会中占附属地位的文化,它仅为社

会上一部分成员所接受,或为某一社会群体所特有。亚文化也有两个属性:一是在文化权力关系中处于从属地位;二是在文化整体中占据次要的部分。虽然亚文化是与主文化相对应的一种文化,但是二者不是竞争和对抗的关系。值得注意的是,当一种亚文化在性质上发展到与主文化对立的时候,它就成了一种反文化。在一定条件下,文化与反文化还可以相互转化。文化不一定是积极的,反文化也不一定是消极的。

(三)文化的特征

1. 主体性

文化是客体的主体化,是主体发挥创造性的外化表现。文化具有主体性的特征主要源于人的主体性。所谓人的主体性,即人作为活动主体、实践主体等的质的规定性。人通过与客体进行交互,才能将其主体性展现出来,从而产生一种自觉性。一般来说,文化的主体性特征主要表现为如下两点。

首先,文化主体不仅具有目的性,还具有工具性。如前所述,由于文化是主体发挥创造性的外化表现,因此其必然会体现文化主体的目的性,只有这样才能促进人的全面发展。另外,文化也是人能够全面发展的工具,如果不存在文化,那么就无法谈及人的全面发展,因此这体现了文化的工具性。

其次,文化主体不仅具有生产性,还具有消费性。人们之所以进行生产,主要是为消费服务的,而人类对文化进行生产与创造,也是为了更好地进行消费。在这一过程中,对文化进行生产与创造属于手段,对文化进行消费属于目的。

2. 实践性

实践是人类对文化进行创造的自觉性、能动性的活动,而文化是人类进行实践的内在图式。简单来说,文化具有实践性特征,具体可以表现为两点。

首先,实践对文化起决定性作用。人类展开实践的手段与方式决定着文化的性质。在这些实践手段与方式中,物质生产方式居于基础地位。

其次,文化对实践有促进作用。这是因为实践往往是在某些特定文化中展开的,如果没有文化背景的融入,那么实践就会非常困难。另外,文化对实践的展开有着巨大的指导意义,也正是由于文化的指导,实践才能取得成功。

3. 历史性

文化具有历史性的特征,这是因为其将人类社会生活与价值观的变化过程动态地反映出来。也就是说,文化随着社会进步不断演进,也在不断的扬弃,即对既有文化进行批判、继承与改造。对于某一历史时期来说,这些文化是积极的、先进的,但是随着时代的发展,这些文化又可能失去其积极性、先进性,被先进的文化取代。

4. 社会性

文化具有社会性特征,这主要表现在如下两点。

首先,从自然上来说,文化是人们创造性活动的结果,如贝壳、冰块等自然物品经过雕琢会变成饰品、冰雕等。

其次,从人类行为来说,文化起着重要的规范作用。一个人生长于什么样的环境,其言谈举止就会有什么样的表现。另外,人们可以在文化的轨道中对各种处世规则进行把握,因此可以说人不仅是社会中的人,也是文化中的人。

5. 民族性

文化具有民族性特征。人类学家克利福德·格尔茨这样说道:"人们的思想、价值、行动,甚至情感,如同他们的神经系统一样,都是文化的产物,即它们确实都是由人们与生俱来的能力、欲望等创造出来的。"

这就是说,文化是特定群体和社会的所有成员共同接受和共享的,一般会以民族形式出现,具体通过一个民族使用共同的语言、遵守共同的风俗习惯,其所有成员具有共同的心理素质和性格体现出来。

总之,文化是人类社会历史实践过程中所创造的物质财富和精神财富的总和。一个成功的企业必须有一个强有力的企业文化支撑,没有文化意识的企业,如同丢失了灵魂的人、丧失了精神的民族。企业文化是现代企业支撑发展最本质的东西,随着市场的逐步规范和竞争的深化,所有竞争的方式、内容最终都将升华为企业文化的竞争。

二、企业文化

企业文化是一种微观文化现象,也是一种管理方式,还是一种管理理论。关于企业文化的概念,国内外众说纷纭,理解上有一定的差别,但他们都认为企业文化是一种重视人,以人为中心的企业管理方式,代表着企业管理理论发展的新阶段。企业文化决定着企业的生产效率,决定着企业的生命力,强调要通过文化的力量把企业建成一种人人都有责任感和使命感的命运共同体。因此,企业文化可作如下表述:企业文化是指在一定的社会大文化环境影响下,经过企业领导长期倡导和全体员工的积极认同、实践和创新,所形成的整体价值观念、信仰追求、道德规范、行为准则、经营特色、管理风格以及传统和习惯的总和。

三、酒店企业文化的概念

酒店企业文化是指在一定的社会大文化环境影响下,酒店在经营管理活动中形成的具有本企业特色的整体价值观念、信仰追求、道德规范、行为准则、经营特色、管理风格以及传统和习惯的总和。作为一种特殊企业文化,酒店企业文化也有着自己的丰富内涵。

（一）酒店的整体价值观

酒店的整体价值观是酒店企业文化的核心，为酒店生存与发展提供精神支柱，也对员工行为起引导作用。在酒店的发展过程中，企业价值观的内容经历了最大利润价值观、经营管理价值观和企业社会互利价值观三次演变。早期的最大利润价值观是指酒店的全部管理决策和行动都围绕着如何获得最大利润这一标准来进行。经营管理价值观是指酒店除了尽可能地为投资者获利以外还非常注重酒店内部人员自身价值的实现。在当代，企业社会互利价值观要求在确定酒店利润水平时，把员工、酒店、社会的利益统筹起来考虑，不能失之偏颇。

酒店希望通过一切管理手段使酒店领导者的所有员工认同酒店的价值观，由此形成共同理想、信念、追求、宗旨和目标，增强酒店的合力。

（二）酒店的企业伦理道德

酒店是一个小社会，酒店内部存在着股东、管理者和普通员工相互之间的错综复杂的关系，酒店对外与社会公众也有多方面复杂的社会关系。要正确处理和协调好这些关系，促进酒店的健康发展，就必须有相应的企业伦理道德。

（三）酒店的企业形象

酒店的企业形象的内容相当广泛。主要的有以下几种。

1. 理念形象

理念形象反映了企业的价值观和企业精神，往往通过向社会公开昭示的企业精神、经营方针、服务宗旨、主打广告语等反映出来。成功的企业理念宣传能够为酒店树立一面鲜艳的旗帜，作为企业形象的象征深入人心。

2. 产品形象

产品形象是企业形象的物质基础。酒店出售给顾客的产品包括有形物品和无形服务两大类,酒店通过塑造良好的产品形象和服务,从而提高企业的美誉度和知名度。

3. 员工形象

员工形象指酒店劳动者的整体形象。企业是人的集合体,酒店又是劳动密集型企业,员工的形象直接影响企业的形象。酒店员工的形象好,可以增强社会公众对酒店的信任度,为酒店长期稳定发展打下牢固的基础。

4. 经营管理形象

经营管理形象是酒店的经营过程、经营方式、管理组织、管理制度、管理基础工作、经营成果与效益等在社会公众和员工中留下的总体印象。它是酒店实力的表现。

5. 公共关系形象

公共关系形象是酒店为了获得社会公众的信任和支持、求得自身事业的发展,创造最佳社会关系所进行的各种活动中树立的企业形象。现代酒店不仅是一个经济组织,而且也是一个社会组织,只有争取公众舆论的理解和支持,优化社会环境,才能求得生存与发展,公共关系已被现代企业视为一种无形资产,它与企业的资金、技术和人才并列,是企业发展的"四大支持"之一。

6. 环境形象

环境形象是一个酒店内外生产、生活条件的总体表现。环境形象能影响人的心理,对于酒店来说,为顾客提供一个"家外之家"的舒适环境;为员工提供一个愉悦舒畅的工作环境是至关重要的,它不仅会吸引消费者并且能够激发员工的积极性和创造性,获得意想不到的情感表述效果,从而使酒店形象大为增色。

中国加入世界贸易组织之后,我国酒店业面临着市场环境的转变、企业制度的转型、国外酒店集团的竞争等诸多问题。在这种情况下,酒店要对外坚持以顾客为主,扩大市场,树立良好的诚信形象,提高竞争力;对内坚持以员工为本,激发员工积极性、主动性和创造性,提高酒店凝聚力等。酒店只有培养现代企业价值观、塑造现代企业精神、建立新型企业的企业伦理道德、树立个性鲜明的企业形象,才能在未来竞争激烈的市场中立于不败之地。

四、酒店企业文化管理的创新

(一)树立以人为本的思想

酒店的竞争就是人才的竞争,人才是酒店生存和发展的核心。西方走在时代前列的革新型企业,提出"人比利润更重要"的口号,注重对人才的培养与使用。"人才:资本 + 知识 = 财富","人才就是资本,知识就是财富";人才是知识的载体,知识是人才的内涵;知识是酒店无形的财富,人才是酒店无法估量的资本。酒店的每一项服务工作都是靠人去完成的,酒店管理者要爱才、识才、容才,知人善任,人尽其才。酒店有了一流的人才,才能有一流的管理、一流的服务。以人为本的酒店企业文化强调以人为中心的管理,即尊重人、理解人、关心人、依靠人、发展人和服务人。"没有满意的员工就没有满意的顾客",员工是酒店文化的直接传播者,酒店通过有效的激励来充分发挥员工的主动性、积极性和创造性,激励员工的工作热情,用文化魅力的渗透和熏陶来营造具有文化品位的酒店气氛,使服务工作细致、周到、善解人意。同时建立一套科学严谨、公平合理的员工考核和价值评价体系,建立员工教育和培训体系,建立合理的薪酬和福利管理制度,使员工在酒店中能获得更好的成长和发展机会,实现自身价值,同时也获得合理的回报和生活福利保障。创造出"事业留人、待遇留人、感情留人"的亲情化酒店文化氛围,让员工与酒店同步发展,让员工在酒店有"成就感""家园感"。

（二）树立良好的酒店企业形象

良好的酒店整体形象，展示着企业成功的管理风格、良好的经营状况和高尚的精神风貌，能为酒店树立信誉，扩大影响，是酒店巨大的无形资产。1927 年，波士顿丽兹卡尔顿酒店迎来了它的第一位尊贵客人的下榻。从此，狮头与皇冠徽标便一直标志着一种华贵至尊和美丽传说般的盛情款客之道。时至今日，总部设在美国的丽兹卡尔顿酒店公司，已发展成为世界上著名的顶级豪华酒店管理公司。在国际高档酒店业，丽兹卡尔顿被公认为首屈一指的超级品牌。丽兹卡尔顿酒店，以精益求精、品质高贵和杰出的服务、尊贵奢华的酒店设施与精致可意的美味佳肴，长久以来一直占据着国际一流酒店中的领先地位。

（三）打造绿色酒店

21 世纪是环保的世纪，是绿色的世纪，当人们大举环保大旗的时候，有人对旅游业所有的"无烟工业"之美誉提出了质疑，据统计数据显示，一家中档酒店每日经营所需能耗和废水的排放量与同规模的工矿企业相当。当今世界已进入绿色革命的环保时代，绿色酒店也因此应运而生。所谓"绿色酒店"，就是指运用环保健康理念、坚持绿色管理、倡导绿色消费、保护生态和合理使用资源的酒店，其核心是在为顾客提供符合环保、健康要求的绿色客房和绿色餐饮的基础上，在生产过程中加强对环境的保护和资源的合理利用。绿色酒店提倡的就是绿色经营与绿色管理。所谓绿色经营不外乎两点，一是减少一次性物品消耗，加强回收再利用；二是降低能耗，节约经费开支。而绿色管理则包括五方面的内容：绿色理念、绿色技术、绿色行为、绿色制度和绿色用品。中国酒店协会《绿色酒店评估细则》对绿色管理作了以下要求：（1）酒店应建立有效的环境管理体系；（2）酒店应建立积极有效的公共安全和食品安全的预防、管理体系；（3）酒店应建立采购人员和供应商监控体系,尽量选用绿色食品和环保产品;(4)酒店积极采用绿色设计;(5)酒店的绿色行动受到社会的积极赞同,顾客对酒店的综合满意率达到80%以上。自中国政府提出"绿色奥运"的口号以来,"绿色酒店"逐步成为一个时兴的酒店操作概念。2005年,中国旅游酒店业协会发出了建设节约型酒店的倡议。在全国能源紧张的情况下,保护资源、减少污染是建设节约型社会的一种趋势,而作为旅游产业之一的酒店业加入绿色环保、节能行列中也是势在必行。

第三节　基于互联网思维的酒店管理模式及创新

一、基于互联网思维的酒店管理模式的两大转变

由于因特网对酒店经营环境和经营手段的重大影响,现代行为科学管理理论对经营管理的理念、经营思路越来越来明显的起着支配的作用,从而导致了旅游酒店经营管理模式必须来一个大的根本性的转变。主要表现为两个方面的经营管理模式的转变。

（一）从制度型经营管理模式向人本型经营管理模式的转变

制度模式主要是"以工作为中心"或"以岗位为中心",通过各种规范、规章制度、标准等对酒店进行有效的管理。这是一种金字塔式的管理组织形式,它提高了管理者的权威,有利于制度、法规的制定、执行和任务的完成,有利于管理者制定工作方针、计划、经营目标,在世界酒店业发展过程中功不可没。但它在强调管理者权威性及制度的强制性的同时却忽视了员工作为"人"自身的能动性、创造性和潜能的发挥,缺乏对员工主动性和创造性的引导,忽略了员工间的和谐团结对酒店经营的重大影响,制约了员工个性的发展。

人本型模式是以"人"为中心,通过员工自主管理、民主决策,

确立团队精神、协作精神、主人翁意识等观念,充分发挥员工的主动性和潜能,管理者主要起宏观调控和监督作用的一种经营管理模式。这一模式的实施必然要引起酒店组织结构、动作机制、工作程序等的重大变化,组织机构要更加精简,更有效能;对现代信息的传递与利用的要求越来越高。

（二）从"以财务为核心"的经营管理模式向"以现代营销为核心"的经营管理模式的转变

当今酒店要生存和发展就必须在经营观念、经营方式等方面来一个革新,必须把过去的以"理财"为重点的经营管理模式转到以"生财"为重点的经营管理模式上。"客源是酒店的衣食父母"。无客源酒店什么都谈不上,也没有财可以理。酒店要有持续的丰富的客源,必须要以现代营销学的理论与实践去开发客源,真正做到时时处处方便客人,处处时时为客人提供优质服务。必须了解市场、细分市场、选择目标市场,及时调整酒店产品与服务的组合,向公众不断沟通本酒店的服务特色、价格,以及做好即时的跟踪服务和各种信息反馈等等,使来自四面八方的客人都十分满意,起到良性循环的经营效果。要做到这些,最好的帮手就是借助于因特网与酒店企业内部网的有机结合,为四面八方的客人与酒店之间架起一座方便的桥梁。信息网络技术为现代营销提供了真正的可能性和现实性,越来越多的人需要在日常生活和工作中使用因特网。目前,一般人都可以在公司、家庭、学校等轻易连接上因特网,进行通信,获取资料,消遣娱乐等。他们也希望差旅时可以方便地上网。至于租用酒店办公的商业客户,上网更加是工作和生意上的需要。所以一家没有因特网服务的酒店会减少吸引力,也显得不高档。网络酒店是当今酒店业发展的必然趋势。所谓网络酒店就是已经连上因特网的酒店。在网络酒店里,无论是酒店本身,还是入住客户,都可以便捷地连上因特网,进行通信,获取信息等。也可以说网络酒店是酒店通过特有的系统联接上国际互联网,通过网上的主页向全球多姿多彩、声情并茂地展示自己的风貌、特色；向全球亿万的用户分销自己客房和各种服务的酒店；并可依此组成酒店连锁业，以强劲灵活的营销手段向广大市场进军；它可以向众多的客户提供面对面的营销方式；它开拓市场的广度和深度都是平常方式下的人力、物力所无法与之比拟的。它代表了最新和最有效的营销方式，它为酒店开发客源市场带来了无限的商机。

一般来说，网络酒店可以为世界各地的顾客或公众提供以下功能服务。

（1）WWW（网站浏览）。

（2）电子邮件收发。

（3）文件传输 FTP。

（4）用因特网免费打长途电话。

（5）因特网视频会议。

（6）流动商务中心。

（7）网络打印（打印网上获取资料）。

（8）因特网培训等。

网络酒店还可以为酒店带来新的收入，如（1）记时上网服务；（2）电子信箱服务；（3）视频会议；（4）出租主机空间，出租PC 笔记本电脑服务；（5）网上订房服务；（6）网上订餐、订花、订书等服务；（7）网上广告服务等。

可以说，酒店经营进入网络营销时代，是大势所趋，人心所向，是科技进步的必然。

二、"以网络营销为核心"的酒店经营模式

（一）在实现新思维方面可以得到突破

当今酒店经营管理的新思维集中概括为社会营销观念；一切为了顾客，最大限度地满足顾客需求为己任的酒店意识；全心全意、任劳怨为顾客服务的精神。由于有了大容量、高速化、互动式信息互联网，为酒店按照新思维经营管理提供了可靠的物质技

术基础和条件。因特网的大容量、高速化、互动式,改变了我们过去受空间、时间限制的服务方式和较低的服务效率。过去许多服务需要有中间商诸如旅行社、航空公司的人,才得以有效地完成,中间商成为信息的组织和传递者,并控制着酒店部分营销活动。如今使用信息互联网,一方面使顾客有了充分的信息来源,让客人选择酒店商品的范围和权利大大提高,真正做到"任君选择";另一方面,酒店亦获得了更强大的信息处理和传输能力,使之对市场的调研和市场细分可更加深入可靠,并可不受空间、时间限制及时满足消费的个性化、特殊化的需求,实现"一对一"的特定营销,摆脱"非得批量才予办理"的惯常做法,从而逐步摆脱中间商的控制,更加符合顾客的需求进行营销活动。信息网络技术的发展,使酒店与顾客之间的沟通强化,变得更自由更方便。网络营销可以改变过去被动的反应性的营销方式,而成为主动性灵活性的营销方式。

因特网络将使酒店的组织结构职能化分工向一体化、综合化方向发展,并形成以顾客为中心、顾客为导向的新的组织结构体系(扁平化的组织结构)。酒店营销战略的重要性、灵活性随之增强,战略计划的调整将更为频繁。市场营销组合也由 4PS(产品、价格、销售渠道和促销)策略转化为 4CS 组合(满足顾客欲望、满足欲望成本、满足购买便利和满足沟通)。这是消费者参与信息控制之后的客观要求。

(二)在信息海洋中,迅速、准确地解决供需双方"各取所需"的信息问题可以得到突破

酒店网络营销一个关键问题是要解决快捷、准确的信息沟通,提供信息服务,为此对网上供需两方面的信息进行科学分类十分重要。要有一目了然的方便查询和可利用的《信息目录和总汇》《信息目录检索》等。商品经济最本质的表现形式就是"供"和"求"两个字。经济发展必然造成"供"的大量增加,而新的"求"一方面刺激着新的"供",另一方面又淘汰着老的、旧的"供",从

而发生无休止的运动。谁真正能在若干具体的"供"与"求"之间架起桥梁，谁就是成功者。酒店营销工作的成功，关键也在这里。我们可以通过上网的供方与需方的主页，实现全天候的供需双方信息的沟通。

（三）充分利用因特网的优势，在酒店营销、公关广告宣传手段上取得突破

事实上目前国内已有多家酒店利用因特网进行了一系列的公关、广告宣传活动，并迅速获得了信息反馈和显著的经济效果。例如，杭州望湖宾馆通过我国因特网商业信息发布站"中国黄页"上网后，一周内就收到国外发来的电子邮件要求预订房间，此后预订房间的电子邮件、传真接连不断。酒店进行网络广告有着传统广告不可比拟的优势，这些优势是：（1）成本低，制作一个网络主页仅需几千元人民币；（2）不受时间和空间的限制，并容易调整广告的信息内容；（3）酒店与顾客可以双向交流。

（四）建立面向顾客的服务体系，实现直销的突破

建立面向顾客的直销服务体系，包括：

（1）向顾客传递有关服务项目、服务特色、价格以及可为顾客带来独特利益的信息。

（2）利用电子邮件帮助顾客解决问题，减少顾客购买和查询住处的货币成本和精力、体力等非货币成本，从而提高顾客感觉中的价值。

（3）向顾客提供网上模拟服务，使顾客亲临其境感受服务，以降低其购买风险和疑虑。

（4）根据有关顾客偏好等信息，事先准备好顾客所要求的"定制化服务"以提高顾客的满意程度。

（5）减少旅行社、航空公司等中间环节下的直接营销渠道服务。

（6）为降低成本建立酒店与设备生产厂或原材料供应厂间的直接联系服务。

（7）为丰富顾客文化娱乐生活在客房内建立多媒体可放精密唱盘和游戏光盘的服务。

总之，今天的酒店已处于网络信息环境之中，谁能及早认识并采取网络营销手段，谁就会在酒店经营中获得更大的市场空间，并具有更多更强的竞争优势。

世界最大的假日酒店集团建立了全球网络（WWW）的站点。无数的因特网入网者通过电脑上假日集团的主页，可获取其中各个酒店的信息，包括服务和房间种类等。该公司的董事长和执行主席 Brian Langton 先生说："客人可通过他们的私人电脑直接预定客房。"德国的假日酒店在客房内也设置了因特网站点，包括文字处理、平铺式窗口和传真设施。客房内还有多媒体可放精密唱盘和游戏光盘。另还推出新项目"Video on demand"，顾客可以选择特定的时间看他们想看的电影，而不必按固定的电视节目表的顺序来收看。

我国开发的千里马酒店电脑管理系统，即企业内部网络系统（Intranet）为酒店与因特网（Internet）结合提供了一个很好的范例。它把每间客房的 PC 工作站用网线连上因特网，然后通过专线把酒店企业内部网和因特网相连，或者是用专线把酒店企业内部网和国际互联网相连，这种方式成本较低，对酒店住客也十分方便。

参考文献

[1] 陈乃法,吴梅. 饭店前厅客房服务与管理(第三版)[M]. 北京:高等教育出版社,2015.

[2] 陈戎,李龙星. 饭店管理概论[M]. 北京:清华大学出版社,2012.

[3] 冯园. 饭店服务[M]. 西安:西北大学出版社,2002.

[4] 付迎. 旅游饭店客房服务与管理[M]. 北京:对外经济贸易大学出版社,2009.

[5] 郭剑英,孙萍. 旅游饭店管理[M]. 北京:化学工业出版社,2010.

[6] 胡敏. 饭店服务质量管理(第3版)[M]. 北京:清华大学出版社,2015.

[7] 黄震方. 旅游饭店管理[M]. 北京:中国林业出版社,2010.

[8] 李伟清,陈思. 酒店经营管理原理与实务[M]. 北京:中国旅游出版社,2012.

[9] 李翔迅. 酒店经营与管理[M]. 北京:对外经济贸易大学出版社,2013.

[10] 李勇平. 酒店餐饮运作管理实务[M]. 北京:中国旅游出版社,2013.

[11] 梁瑜,牟昆. 饭店管理概论[M]. 北京:清华大学出版社,2014.

[12] 马开良,叶伯平,葛焱. 酒店餐饮管理[M]. 北京:清华大学出版社,2013.

[13] 秦远好. 现代饭店管理 [M]. 北京：科学出版社, 2015.

[14] 阮立新. 饭店工程与设备管理 [M]. 北京：旅游教育出版社, 2016.

[15] 王华. 饭店前厅服务与管理 [M]. 重庆：重庆大学出版社, 2016.

[16] 王天佑, 张威. 饭店管理概论（第 3 版）[M]. 北京：北京交通大学出版社, 2015.

[17] 王志民, 许莲. 餐饮服务与管理实务 [M]. 南京：东南大学出版社, 2014.

[18] 徐虹, 刘宇青. 旅游饭店财务管理 [M]. 天津：南开大学出版社, 2009.

[19] 于英丽. 饭店管理概论 [M]. 北京：中国轻工业出版社, 2013.

[20] 张波. 饭店管理概论 [M]. 上海：上海财经大学出版社, 2012.

[21] 张士译, 张序. 现代酒店经营管理学 [M]. 广州：广东旅游出版社, 2000.

[22] 张元奎. 旅游饭店法规实务（第 3 版）[M]. 北京：旅游教育出版社, 2015.

[23] 郑向敏. 现代饭店经营管理 [M]. 北京：清华大学出版社, 2007.

[24] 钟志平, 李应军, 黄丽媛. 饭店管理概论 [M]. 北京：旅游教育出版社, 2011.

[25] 朱承强. 现代饭店管理 [M]. 北京：高等教育出版社, 2004.

[26] 成玮. 中国金钥匙服务哲学对酒店管理专业人才培养模式的优化——以太原旅游职业学院为例 [J]. 吕梁教育学院学报, 2018,（2）.

[27] 唐湘辉. 酒店员工的职业道德与酒店服务管理 [J]. 湖南商学院学报, 2004,（1）.

[28] 王鹏, 刘景, 魏金召 . 用"金钥匙"开启成功之门——浅析高职高专酒店管理专业的人才培养 [J]. 石家庄铁路职业技术学院学报, 2011, (4).

[29] 王晓洋 . 我国酒店伦理管理的问题及对策研究 [J]. 中南林业科技大学学报, 2013, (5).